DIÁLOGOS A UNA PULGADA DEL SUELO

James W. Heisig

Diálogos a una pulgada del suelo

RECUPERAR LAS CREENCIAS EN UNA ÉPOCA INTERRELIGIOSA

TRADUCIDO POR
Raquel Bouso García

Herder

Título original: Dialogues at One Inch above the Ground, publicado por
The Crossroad Publishing Co., Nueva York.
Traducción: Raquel Bouso García
Diseño de la cubierta: Claudio Bado y Mónica Bazán

ISBN: 84-254-2366-X

Imprenta: Reinbook
Depósito legal: B – 2.072 – 2005
Printed in Spain – Impreso en España

Herder
www.herdereditorial.com

ÍNDICE

Introducción

Cada uno de los ensayos de este libro trata de un aspecto particular del diálogo con la espiritualidad de nuestro tiempo. Tras ellos reside la simple convicción de que gran parte de la fe en la religión tradicional ha dado un giro hacia el ámbito secular y ni la religión tradicional, ni la secularización se han adaptado a tal situación. Ambas están sufriendo una dislocación.

Me resulta difícil concluir que la nuestra es meramente una época de descreencia, que la secularización ha perdido totalmente su fe fundamental –ya sea en el mundo que podemos ver como en el que no podemos ver– y que la religión organizada ha sucumbido a las presiones, para poder sobrevivir en una economía globalizada, hasta drenar su alma de fe de las cosas que importan. Más bien, ya no somos capaces de situar muchas de las creencias y símbolos que hemos recibido del pasado en los lugares en que hemos sido educados para hacerlo. Las cuestiones que esto plantea nos afectan más profundamente que el egoísmo individual o el fracaso en estar a la altura de las propias convicciones. Apuntan hacia la descreencia en las propias ideas y en las instituciones que la fe supuestamente inspira.

Cuando intentamos distinguir entre lo que creemos y lo que se nos ha hecho creer y aceptar, al mismo tiempo, la responsabilidad de lo que nos han hecho las ideas y las instituciones que hemos heredado, acabamos desorientados. Sin ningún lugar adonde ir y sin ningún lugar que podamos considerar nuestro hogar, navegamos con un rumbo incierto, persuadidos por nuestra percepción de lo que es erróneo un momento, confundidos al siguiente por las alternativas a seguir. No es de extrañar que muchos de quienes van a la deriva por esas aguas, pero se guían por la voluntad de creer en *algo,* escojan atracar su razón y moral en una de las islas disponibles de la certeza, religiosa o de otro tipo.

En una época de dislocación de la creencia, la voluntad de descreer es quizá la mayor virtud. El simple escepticismo dirigido hacia las doctrinas y las instituciones que han fracasado en proporcionar un fundamento para la fe y la esperanza y un amor a la época, no importa lo razonable o moralmente inspirado que sea, no es suficiente. Hay que profundizar y cultivar la descreencia si es que se quiere indicar el camino para resituar la fe en nuevas doctrinas e instituciones. Como el ángel al que Jacob agarró fuertemente en Penuel, hay que luchar hasta recibir una bendición que podamos transmitir a quienes vienen detrás de nosotros. Este libro es un registro de mis propios intentos de diálogo con la clase de descreencia a la que la fe de finales del siglo XX, según creo, nos obliga.

Los nueve ensayos que constituyen esta recopilación tratan directamente sobre temas religiosos, todos ellos discutidos a partir de un punto de vista cristiano y todos escritos en Japón, donde he pasado este último cuarto de siglo dedicado a la investigación sobre la religión y la filosofía de Oriente y de Occidente. Se ha añadido una pequeña nota a cada uno que explica el contexto de su composición.

Al releer los ensayos en su conjunto, todos ellos escritos durante la última década del siglo xx, me ha llamado la atención la línea de ingenuidad que los recorre. Aunque puede que la simplicidad del argumento no se granjee las simpatías de quienes esperan una respuesta más estudiada a los problemas aquí abordados, tal simplicidad me parece útil cuando logra esclarecer asuntos de importancia. Personalmente, estos diálogos con la dislocación de la creencia me han proporcionado también un descanso del ritmo habitual de la investigación académica, por no decir un aplazamiento temporal de las presiones que acompañan a los intentos de evitar los errores a toda costa. A este respecto, me siento algo turbado por estar hoy substancialmente de acuerdo con mucho de lo escrito y debo preguntarme si no habrá cosas que haya pasado por alto a lo largo del camino, cosas significativas de las que otros podrán percatarse mejor en una declaración simple y directa que en un cauteloso aparte introducido discretamente en un texto más profesional. Me sentiría defraudado si no fuera así, y ello frustraría uno de los principales motivos para volver a publicar los textos con esta nueva forma.

Se cuenta que el poeta budista del siglo xii Saigyō intentó vivir «a una pulgada del suelo». Ésta me parece la posición adecuada para dialogar desde el lado espiritual de la descreencia: no con los pies plantados firmemente en el suelo, ni caminando entre las nubes, sino flotando a la altura de una pulgada por encima del suelo. Juan el evangelista nos aconseja «estar en el mundo, pero no ser del mundo». Me gustaría pensar que en los diálogos con otras vías espirituales, seculares o religiosas, es posible *ser de* mi tradición cristiana sin *estar en* ella. Si las religiones deben coexistir unas con otras y con la secularización, y mantener su fe junto a otras, esta posición tiene que ser más que un ejercicio intelectual confiado a los especialistas entrenados en el «diálogo». Debe ser cultivada como una nueva virtud para la cual no hay nada en la tradición que nos proporcione viejos hábitos con que contar.

Suficiencia y satisfacción

la recuperación de un símbolo antiguo

En 1990 se convocó un Simposio Internacional sobre el Zen en Kioto, acerca del tema «La religión y la ética en el mundo moderno». Como yo era el último de los invitados en intervenir, traté de pensar a fondo una moral equivalente al principio de razón suficiente de Leibniz. El propósito inmediato de lo que aquí se denomina «principio de suficiencia» no era explicar el mundo sino señalar el modo en que lo consumimos: poner límites moralmente aceptables a la adquisición de bienes y servicios, y rescatar la valoración de las necesidades de su estatus actual de un objeto más de consumo.

Durante el curso de la semana hicimos una excursión al templo de Ryōan-ji, sede del jardín de rocas más famoso del Japón. Aunque no era mi primera visita allí, me llamó la atención la inscripción sobre un pequeño recipiente de piedra que había en una esquina discreta de los terrenos del templo: «Todo lo que necesito saber es cuánto es bastante».

Era como si aquel pequeño cuenco hubiera descansado en la tierra natal del Japón durante casi tres siglos, esperando con una paciencia mística a que la sociedad feudal se abriese camino hacia la industrialización y la economía de mercado, a que las innovaciones tecnológicas y los negocios de información intensiva empezaran a desafiar la supremacía de los intereses nacionales, así como a que la acumulación de riqueza creara un afán de consumo tal que pusiera en peligro la supervivencia de la vida civilizada –esperando a que llegara el momento en que su verdad simple pudiera ser extraída de la piedra y de la tranquilidad de sus alrededores para ser llevada a la confusión bulliciosa del mercado.

Mi ponencia original terminaba admitiendo que no podía ver ninguna salida a las ataduras económicas que mantenían cautiva a la imaginación contemporánea. Aquella tarde me senté y reescribí la conclusión a la luz de aquella sencilla inscripción. Después busqué la historia de la inscripción y finalmente fui a parar a un sūtra chino del siglo III, que no había sido traducido y que se convirtió en el tema del siguiente ensayo.

Publicado originalmente en *Studies in Formative Spirituality* 14/1, 1993, pp. 55–74. Reimpreso en *Dialogue* 21, 1994, pp. 69–90.

HACE ALGUNOS años, abogué por la introducción de un «principio de razón suficiente» en la teoría económica y la ética de consumo.[1] La imagen que me guiaba era un dicho críptico grabado en un *tsukubai,* o recipiente de agua hecho de piedra, en Ryōan-ji en Kioto: 吾唯足知, «Lo único que sé es cuánto es suficiente». Me pareció entonces, y aún me lo parece, que saber cuánto es bastante es una habilidad útil, si bien muy desatendida. El agotamiento general de los recursos del planeta, el aumento sistemático de la pobreza y la creciente adicción al exceso requieren un nuevo modo de considerar las actividades de intercambio de bienes y servicios. El *tsukubai* era simplemente un lugar del pasado oportuno para volver a considerar, desde ahí, adónde hemos ido a parar en el presente.

Los recipientes de piedra se convirtieron en un componente fijo del jardín de té japonés desde principios del siglo XVI. Habitualmente se colocaban en la entrada de la casa de té en calidad de lugar donde las personas podían lavarse las manos para prepararse para la ceremonia del

---

1. Posteriormente, publicado como: «Towards a Principle of Sufficiency», en *Zen Buddhism Today* 8, 1990, pp. 152–164.

té. La palabra *tsukubai* (蹲踞 = agacharse) procede del hecho de que se tenía que doblar mucho el cuerpo para hacer la ablución. El recipiente de piedra redondo de Ryōan-ji –un templo conocido en todo el mundo por su enigmático jardín de rocas del siglo XV– data de finales del siglo XVII. Los orígenes del dicho actual, que está colocado en el sentido de las agujas del reloj en un cuadrado hueco a través del cual el agua es retirada, son oscuros; sin embargo, la influencia del budismo chino, como veremos, es inequívoca.

Confieso que estaba preocupado por la traducción inglesa que habían escogido los cuidadores del templo: *I just know how to be contented* (Sólo sé cómo quedar satisfecho).[2] La idea de la mera satisfacción parece desmere-

---

2. La traducción se repite, por ejemplo, en Harold STEWARD, *The Old Walls of Kyoto*, Tokio, Weatherhill, 1981, p. 172, en donde el autor incluso la parafrasea leyendo «conténtate con lo que tienes». De forma similar, el actual Gran Maestro del Té Urasenke lee el dicho como: «Yo sólo conozco la satisfacción», citando la frase 足知安分 (satisfacción con la propia suerte) como una enseñanza budista que es central para la Vía del té. Me parece que su interpretación de la frase como una paz interior que resulta del «saber qué es suficiente» está más cerca del significado budista que cualquier traducción o referencia literal. Véase SEN SŌSHITSU XV, «Knowing Contentment», en *Chanoyu Quaterly* 67, 1991, pp. 5–6.

En este sentido, debe notarse que el donante del *tsukubai*, Tokugawa Mitsukuni, fue un enemigo acérrimo del budismo organizado y una figura clave de la Escuela del Mito, que intentó restaurar la cultura japonesa eliminando toda influencia extranjera. Ordenó la destrucción de mil templos budistas para que fueran contruidos en su lugar santuarios shinto, salvo únicamente aquellos de valor histórico. Aunque se dice que fue un budista piadoso en su vida privada, rechazó la costumbre de afeitarse la cabeza y adoptar un nombre budista tras retirarse del servicio público. Su donación del *tsukubai* al templo indica que no consideró el dicho como netamente budista.

cer el ambiente religioso, la ceremonia del té y lo sugestivo de los propios caracteres chinos. Al mismo tiempo, los dos caracteres que prefiero leer «saber cuánto es bastante», en realidad, también significan «quedar satisfecho».

Es como si el principio de suficiencia y el arte de la satisfacción intentasen componer las dos mitades de un *sym-bolon,* una *coincidentia oppositorum* sugerida por el cuadrado del círculo en el diseño del recipiente. Es a fin de recuperar esta conexión que vuelvo al *tsukubai* para echarle aún otro vistazo.

Si hay un ingrediente de la espiritualidad humana que se distinga por ser verdaderamente universal es la búsqueda de la satisfacción. Recorre la historia como un brillante hilo rojo en el que cada perla de la cultura y el lenguaje y la creencia religiosa, lo brillante y lo mate, lo noble y lo innoble pueden ser ensartados en una misma ristra. Pero justamente porque la búsqueda de la satisfacción es una característica tan generalizada de la vida humana, no puede haber ningún consenso final acerca de qué significa estar satisfecho. La propia idea de sentirse «pleno» está sujeta a una fluctuación constante de un estadio de la vida a otro, de una época a otra.

Es más, una búsqueda de la propia satisfacción casi siempre nos obliga a prescindir de la búsqueda de los demás; y ninguna satisfacción es suficiente para saciar la sed de querer siempre más. En breve, la búsqueda de la satisfacción siempre requiere una percepción concreta de cuánto es bastante. Este es el fondo de la cuestión de lo que ahora denominamos espiritualidad. Es también una base sólida desde la cual las personas formadas en la tradición cristiana podemos contemplar la rica herencia de la tradición budista.

En nuestros días, el diálogo entre el budismo y el cristianismo ha dado una nueva importancia a la búsqueda de unos patrones universales de pensamiento, experiencia e imaginería, por un consenso acerca de qué significa ser *homo religiosus.* Al mismo tiempo, la dificultad del encuentro con las religiones consideradas «primitivas» o «cerradas» para dialogar muestra repetidamente lo limitados que están culturalmente los modelos según los cuales decidimos que algunas ideas o prácticas merecen la etiqueta de «universalmente humanas». Mientras tanto, la continua laxitud del control del estado y la religión sobre la conciencia individual ha abierto las puertas a la proliferación de organizaciones neutrales, no-alineadas y globales, que tienen por propósito controlar el progreso moral uniforme de la comunidad humana, todas ellas demasiadas veces, alegremente ajenas a los principios electivos que se imponen unas a otras como verdades inalienables. Y, no obstante, por todos sus riesgos y dificultades, la conversión de intereses, lejos de la religión sectaria y de la ética, en dirección a una espiritualidad fundada en unos principios universales, marca un momento de la conciencia religiosa moderna. Es también un punto de partida para la transición de una *imposición de principios comunes* a una *disciplina de virtudes comunes.* Este es un trasfondo más amplio sobre el que me gustaría considerar la relación entre la persecución de la satisfacción y el principio de suficiencia.

Las ideas entrelazadas de las necesidades y la suficiencia hunden sus raíces en la satisfacción corporal, y como tales se acercan a los orígenes del lenguaje y de la conciencia. Con todo, disciplinarlas para un propósito espiritual requiere unas «ideas-sombra» correspondientes a la codicia y el exceso. Lo que la imaginación moderna ha hecho con las nociones de *suficiencia* y *necesidades* en el proceso de traducirlas a las de *oferta* y *demanda* es, en efecto, borrar esa sombra. Pero sin la conciencia de la codicia y el exceso, procurar satisfacer las necesidades no es algo ni corporal ni espiritualmente humano.

A pesar de los parecidos léxicos y etimológicos, las parejas de términos *suficiencia-necesidades* y *oferta-demanda* han acabado teniendo para nosotros significados opuestos. No tenemos ningún problema en entender ideas como «aumentar la oferta para atender a la demanda actual» y «estimular la demanda para satisfacer la oferta actual». En una época o cultura que carece de tal predisposición, frases como éstas no pueden más que sonarnos brutales, injustas y, en el mejor de los casos, absurdas. Basta con transponer los términos para apreciar el efecto: la idea de «satisfacer las necesidades ajustando la percepción a lo que es suficiente» o «generar necesidades para justificar la suficiencia de la producción actual» parece una estrategia de la probreza y el derroche.

La transposición no se ajusta totalmente pero, de hecho, da una idea de cómo los hábitos del lenguaje pueden determinar lo que vale y lo que no vale la pena pensar. Por ejemplo, piénsese en ideas como la codicia o el exceso. Aunque estas palabras tengan perfectamente sentido para nosotros, en la política económica de la sociedad de mercado quedan relegadas a la categoría de «asuntos de conciencia privados». En otras palabras, la imaginación económica moderna solamente puede funcionar sin una espiritualidad a través de una dislocación sistemática del sentido común. Pequeña maravilla es, como ha señalado Jacques Ellul, que la historia de la tecnología y la historia de la propaganda se hayan desarrollado al unísono.

La dislocación de la espiritualidad no habría sido posible sin la invención del «individuo» moderno y la distinción que le acompaña entre el ego cotidiano y un yo verdadero, más profundo. Las metáforas del yo vigentes hoy día han dado lugar a un nuevo significado de la idea de satisfacción y plenitud, de finalización, de estar «lleno» e «integrado». Uno está salvado de la condición de estar «vacío» o «dividido». Este debate, así como la transferencia del debate sobre la codicia y el exceso de la esfera social a la privada, carecerían de sentido sin la noción del yo moderno reificado. Es una cuestión sobre la que espero volver más tarde.[3] Baste por ahora observar que el objetivo de la propia satisfacción, sean cuales sean sus limitaciones, también ha proporcionado al individuo moderno un lugar para negociar una posición en el pluralismo religioso.

Escribiendo a principios del siglo XX, William James captó la disposición que todavía perdura entre nosotros: «Los dioses guerreros y las fórmulas de varias religiones, de hecho, se anulan mutuamente, pero existe cierta entrega uniforme en la que todas las religiones parecen encontrarse».[4] Para James, esta entrega uniforme reside en la idea de curar una herida, calmar una agitación –en

---

3. El espléndido libro de Charles TAYLOR, *Sources of the Self*, Cambridge, Harvard University Press, 1989, me parece de gran valor porque relaciona el problema del yo moderno con las preocupaciones éticas tradicionales. De hecho, pocos años después de la publicación del presente ensayo, traté la cuestión del yo reificado en «The Quest of the True Self: Jung's Rediscovering of a Modern Invention», en *Journal of Religion* 77/2, 1998, pp. 252–267.

4. William JAMES, *Varieties of Religious Experience*, Nueva York, Modern Library, 1902, p. 498.

suma, la salvación. Todas las ideas de salvación en el mundo de las religiones, como observó James, cuentan con la metáfora de la liberación obtenida desde el suspenso de la insatisfacción, la presión de los deseos físicos y mentales, ya sean elevados o bajos, que marcan siempre nuestras vidas. (Las insatisfacciones acogidas artificialmente pueden tener un valor terapéutico para quienes pueden permitirse el lujo de hallarse en un entorno en donde naden en la abundancia. Para tales individuos, la sobredosis puede ser al mismo tiempo iluminadora, pero a menudo la disciplina no es más que una aberración espiritual.)

Volver a conectar el símbolo de satisfacción y suficiencia resulta bastante sencillo para el individuo en abstracto. Lo más difícil es la creación de un contexto de apoyo en el tiempo y en el espacio. Esos contextos, generalmente, están ausentes de las instituciones actuales en las que participamos como miembros de la sociedad, así como de nuestros patrones de consumo de bienes y servicios. Una de las razones por la que nos volvemos hacia las escrituras y por la cual las llamamos «sagradas» es que liberan la imaginación de la cautividad de esas instituciones y patrones. Una escritura es *sagrada* sólo para el individuo que tiene la disciplina de escucharla; se convierte en *salvífica* cuando se ejercitan las virtudes de sociabilidad.

La disciplina de escuchar un texto es una empresa frágil, especialmente en una época como la nuestra en la que estamos acostumbrados a la manipulación de la prensa. No hace falta dar argumentos a favor de la superioridad de la sabiduría de los textos antiguos con respecto a los contemporáneos para reconocer la emancipación que puede resultar de perderse uno mismo en los territorios sagrados de lo arcano y lo ligeramente exótico. En las páginas que siguen me gustaría examinar el símbolo de la satisfacción y la suficiencia en un texto budista que considero sagrado, el *Sūtra de la instrucción final de Buda.*[5]

No es de extrañar que los estudiosos hayan tenido dificultades en clasificar el sūtra como «hīnayāna» o «mahāyāna» debido a lo universal y no-sectario de su atractivo. Las instrucciones no son profundamente filosóficas, ni en ningún sentido están involucradas en la apologética. El entrelazamiento cuidadoso del imaginario y las ideas sugiere que se ha intentado leer como una meditación más que como un catecismo, y así es como he decidido traducirlo. El texto con que contamos parece ser una traducción de principios del siglo V de Kumārajīva del que no se han conservado versiones originales en sánscrito o tibetano. Existen muchas semejanzas con la biografía legendaria del Buda, el *Buddhacarita,*[6] compuesta en el siglo II en sánscrito por el poeta Aśvagoṣa y con las tempranas colecciones de aforismos conocidas como *Dhammapada.*[7] Mencionaré unas cuantas de ellas sin entrar en detalle.

---

5. T.12.389, 1110A–1112B. Al parecer, NUKARIYA Kaiten realizó una traducción inglesa y fue publicada de forma privada en Tokio en 1897, pero aun contando con la amable ayuda de los conservadores de su biblioteca me ha sido imposible localizarla.

6. Una traducción parcial de la obra aparece en Edward CONZE, *Buddhist Scriptures,* Hardmondsworth, Penguin, 1959, pp. 33–66. Para el texto completo, véase vol. 49 de *Sacred Books of the East,* ed. por Max MÜLLER, Delhi: Motilal Banarsidass, 1978.

7. Una traducción fiable de la obra puede encontrarse en John Ross CARTER y Mahinda PALIHAWADANA, *The Dhammapada: A New English Translation with the Pali Text,* Nueva York, Oxford University Press, 1987.

El chino es elegante y fluido, como corresponde a la ocasión de las últimas palabras de Buda antes de morir. Fue un texto popular en la China clásica y en Japón, especialmente en el zen, donde es reconocido como uno de los «Tres sūtras del fundador».

Las cursivas de la traducción han sido añadidas para facilitar al lector el ir hacia adelante y hacia atrás en un texto fragmentado por mis comentarios. Además, al traducir un sūtra que tiene tanto que decir sobre los peligros de tomarse libertades y sobre la importancia de esclarecer la mente, he sentido la necesidad de mantener un cierto control sobre mi trabajo sin por ello atestar el texto. Las notas a pie de página sirven de receptáculo conveniente a este propósito y no deberían ser confundidas con las pruebas de una pesquisa adecuada.

LA DISCIPLINA DE LA VIRTUD

En el silencio de la noche, Buda yace muriendo bajo un árbol. Se vuelve a los discípulos que están allí con él y expone el corazón de sus enseñanzas en términos breves y simples. Empieza por elogiar la regla sagrada del monje:

> Mis queridos monjes, cuando me haya ido, tened cuidado de apreciar la regla de la vida que habéis escogido, pues será vuestra liberación. Cuidadla como una luz encontrada en la oscuridad, como una fortuna dada a un mendigo. *Haced de la regla vuestro maestro y aprended bien de ella.* No os enseñaría de forma distinta de permanecer aquí, atrás, en el mundo.
>
> Vosotros quienes mantenéis la regla en su pureza, no comerciéis en compra-ventas; no debéis tener casa ni tierras ni propiedad; tampoco mantengáis vasallos o siervos, ni criéis animales. Evitad sembrar y plantar y la acumulación de riquezas como si fueran aflicciones. Segar y cortar, labrar el suelo, horadar la tierra, tomar

> curas medicinales, buscar el consejo de los adivinos, confiar en quienes leen el destino en las estrellas, o predicen la fortuna en las fases de la luna, o calculan el número de días de alguien *–todas estas cosas son incompatibles con la vida que habéis escogido.*

Al aconsejar a sus seguidores vivir sus decisiones, Buda no se pronuncia sobre el valor inherente a una actividad proscrita por la regla. Sólo les pide que sean disciplinados en las virtudes que mejor respondan a lo que buscan en la vida y que rechacen todo lo que debilite su resolución. Los dictados de la regla no están basados en principios abstractos que necesiten de una defensa racional, sino en la inmediatez concreta de un impulso hacia algo más profundo que las convenciones sociales corrientes. Sólo al desligarse de las actividades que alimentan la verdad convencional se puede cultivar una mente lo suficientemente clara y lo suficientemente pura como para *hacer transparentes* los modos de pensamiento dominantes:

> Sed moderados, comed regularmente, llevad una vida correcta. No toméis parte en los asuntos mundanos o la diplomacia gubernamental, manteneos alejados de la brujería y los elixires, no tratéis de congraciaros con la nobleza, evitad la excesiva informalidad y familiaridad. Para dejar atrás todas esas cosas, necesitaréis mantener un corazón puro y una mente clara. No os molestéis en tratar de ocultar vuestras culpas y errores. No finjáis excentricidad o encanto. Cuando la gente os ofrezca comida y bebida o ropa o cama o medicinas, mirad la cantidad y considerad cuánto es suficiente. *Tomad sólo lo que necesitéis y no acumuléis excedentes.*

Los dos caracteres chinos reunidos en «considerad cuánto es suficiente» 足知 constituyen lo que he denominado el principio de suficiencia. Como se ha observado antes, Buda no proclama un concepto sino una virtud, una capacidad de intuir cuya verdad reside en su ejercicio. Así, aunque los mismos glifos son utilizados también para traducir los términos sánscritos *tuṣṭi* (conocimiento completo) y *saṃtuṣṭa* (sentirse satisfecho), la genealogía literaria es aquí inequívocamente china. El doble sentido no actúa meramente como reverso gramatical de la palabra *conocer* 知 sino en la ambigüedad del carácter 足, que puede significar tanto *suficiencia* como *satisfacción.* Dos pasajes del *Laozi* (*Dao de jing*) contienen claramente este doble sentido:

> Saber cuándo tienes suficiente es ser rico. (cap. 33)
>
> Si almacenas mucho, seguro que perderás mucho.
> Por tanto, si conoces la satisfacción, no serás desgraciado.
> (cap. 44)[8]

El traductor ha tenido que escoger significados contrapuestos basándose en el contexto. El lector chino no, pues *ambos* están presentes al mismo tiempo. Posteriormente volveré sobre esta cuestión. Por el momento, baste con señalar el vínculo de uno con otro y que esto es, aparentemente, algo que la versión china ha añadido al texto original.

Lo mismo puede apreciarse en las siguientes líneas del *Dhammapada,* cuya traducción china recapitula el contenido del sūtra que estamos considerando aquí:

> El mayor beneficio es estar libre de dolencias.
> La mayor riqueza es saber cuánto es suficiente.
> El mayor amigo es la capacidad de ver claramente.
> El mayor placer es salir del fango de la convención.[9]

---

8. *Lao-tzu Te-Tao Ching*, trad. y comentarios por Robert G. Henricks, Nueva York, Ballantine, 1989, pp. 85, 13.

9. El texto citado aquí aparece también en 出曜経 *Sūtra de la salida de cada día* (T. 4.732A), una versión china de *Udānavarga*, una

La segunda línea en el texto pali correspondiente traducido sería «la satisfacción es la mayor riqueza». Aquí, *santuṭṭhi* es traducido por «satisfacción», mientras que el chino sugiere el sentido de «saber cuánto es suficiente».[10] La frase final normalmente se traduce –incluso en las versiones japonesas– como «alcanzar el nirvana». He mantenido una traducción más literal de los dos caracteres que transliteran la palabra *nirvāṇa* para llamar la atención sobre la interpretación que el chino añade a la transliteración: el glifo para *fango* es usado además para expresar *quedar preso* en la convención social, los modos de pensar anticuados.[11]

La continuación de la instrucción de Buda nos conduce al mismo punto:

> Esto, en una palabra, es lo que significa mantener la regla. A través de la regla, la obediencia os hará libres. Por eso es denominada «la liberación». Confiad en la regla y os llevará a la concentración y la sabiduría que extingue la causa del sufrimiento. Tened fe en la regla, queridos monjes, y no la incumpláis. Quien vive la regla participa de la bondad del Dharma. Ninguna bondad o virtud puede llegar a quien adopta la regla pero no la mantiene. Sabed bien esto: *la regla es la morada primordial de la tranquilidad y de la virtud.*

El texto equipara la regla a un hogar fuera del hogar, para quienes han dejado la casa y la familia y las convenciones sociales para buscar la verdad. La idea de una dis-

---

larga traducción del sánscrito y comentario del *Dhammapada*. Mi traducción aprovecha la terminología del comentario que acompaña al texto mismo.

10. *Dhammapada*, p. 257.

11. *Udānavarga, Sūtra de la salida de cada día*. La sección 23 lleva por título «Salir del fango» de las convenciones sociales.

ciplina avanzada, aquí como una «obediencia liberadora», implica tanto aprender de la regla como llegar a dominarla. A partir de aquí el texto se centra en esto último, empezando por la reapropiación del cuerpo que el egoísmo, la rutina y los hábitos sociales tenían preso.

> Mis queridos monjes, una vez os sintáis a gusto con la regla, debéis estar preparados para recuperar el control de vuestros sentidos. Eso significa que no os dejéis llevar por lo que veáis y oigáis y oláis y probéis y toquéis, como el boyero que amplía su personal para impedir que sus animales se metan en los sembrados de otras personas. *Dar licencia a los sentidos os impide establecer límites.* Os coloca en un caballo salvaje sin riendas. Antes o después os tirará en una zanja.

El control de los sentidos que aquí se enseña tiene poco en común con la valoración negativa del cuerpo que ha contagiado igualmente a las espiritualidades cristiana y budista. Aquí no se tiene en baja estima al cuerpo sino que domina un sentido de respeto hacia los trabajos de la mente que es primordial.

La imagen de los sentidos como un caballo desbocado o como una banda de ladrones tiene sentido si entendemos qué tiene lugar como resultado: la mente nunca podrá volver a ver claramente.

> Cuando un ladrón os arrebata vuestras posesiones, el sufrimiento dura solamente mientras vivís. *Cuando los sentidos os arrebatan, el daño dura para siempre.* El efecto es inmenso. Por tanto, tened cuidado. La persona sabia no se sienta ociosa sino que asume el control de los sentidos. Pensad en ellos como en una banda de ladrones que andan sueltos y apresadlos. Aun si sois indulgentes con ellos, en poco tiempo se rendirán igualmente.

El control de los sentidos no tiene por propósito la represión de un mal sino la reapropiación de lo que ha sido hurtado. La cuestión es recuperar la claridad de la mente que fue sustraída por la distracción de los sentidos. No es una huida del placer –ni siquiera del placer sensual– sino un pavor al daño que nos puede ocasionar la ignorancia. Más que las cosas que nos privan de los sentidos deberíamos temer a las cosas que pueden enfangar el espíritu, tal como muestra el siguiente pasaje:

> El maestro de los sentidos es la mente, motivo por el cual debéis mantener un buen control de la mente. Las serpientes envenenadas, las bestias salvajes, los bandidos traicioneros, los fuegos destructores –ninguna de estas cosas es tan temible como una mente sin control. Es como si alguien sostuviera un tarro de miel fresca y se sientiese tan excitado que no advirtiese el hoyo profundo que tiene bajo sus pies. O como si un mono huyese de un elefante enfurecido que anda suelto y se pusiese a salvo en un árbol cercano. Deshacéos rápidamente de una mente así antes de que os lleve a tomaros libertades y a descuidar el bien de los demás. *La mente fuera de control no puede mantenerse a sí misma unida y ejercer su mejor esfuerzo.* Trabajad duro, queridos monjes, sed diligentes con el espíritu y someted vuestra mente.

Sin la capacidad de ver claramente, dice Buda a sus seguidores, la mente es un mero juguete de los sentidos. Cuando el consumo del mundo sensorial –las visiones y los sonidos, los olores y los sabores y toques– llega al punto de la codicia o la gula, los efectos nocivos son tanto morales como físicos. Sólo la intuición puede curar de la sensualidad y permite ver cómo subyace en toda clase de dependencias, la dependencia fundamental de tener que depender de algo. Éste es el punto de la crítica de la desapropiación de la mente por *la licencia sensual.*

El Buda moribundo retoma la discusión de la reapropiación de los sentidos volviendo sobre la cuestión de las necesidades físicas:

> Mis queridos monjes, pensad en la comida y la bebida como si fueran una medicina. *Si os gusta o no el sabor, no tiene nada que ver con lo mucho o poco que consumís.* Tomad sólo lo suficiente

para sustentaros y evitar el hambre y la sed. Debéis ser como la abeja que toma el sabor de la flor pero deja el color y la fragancia intactos. Aceptad las ofertas que los fieles os hagan y usadlas para curar vuestros males. No pidáis demasiado para no poner a prueba su buena voluntad hasta el extremo de la ruptura. El granjero sabio sabe cómo calcular la fuerza de un buey y no le hace esforzarse más allá de sus límites.

En este punto el texto habla solamente de la importancia de la moderación, sin intentar explicar la razón por la cual debería importar. Esta omisión parece deliberada. El silencio tiene el efecto de sugerir una eventual apología del ascetismo monástico.

De hecho, como veremos, ese no es el caso. Más bien, Buda habla primero de los peligros del sueño y de la virtud de la vergüenza:

> El día sirve para ejercitar la mente y cultivar la práctica de lo verdadero y bueno. No lo desperdiciéis. Tampoco malgastéis la primera y la última de las vigilias de la noche. Contemplaos a vosotros mismos en la vigilia de medianoche recitando las escrituras. *Las cosas que inducen al sueño convierten el curso de una vida en algo vacío y fútil.* Nunca perdáis de vista que el mundo siempre está ardiendo en las llamas de la impermanencia. Buscad vuestra liberación inmediatamente *–¡no caigáis en el sueño!*
>
> Las pasiones de la mente siempre están a la espera, con una venganza mortal sin parangón. De repente, os despertaréis con una estrella. ¿Por qué? Porque las pasiones yacen en vuestro pecho enrolladas como una serpiente venenosa. Hay una víbora negra dormida en vuestra alcoba. Usad la regla como un gancho de hierro para expulsarla. Una vez la serpiente se halla ido, entonces podréis dormir en paz. El que se queda dormido con ella ahí es un sinvergüenza. *Llevad vuestra vergüenza con honor.* Vestid siempre vuestra vergüenza, mis queridos monjes. No la desplacéis mas dejadla perdurar un tiempo. Retiradla de su desgracia y habréis perdido toda virtud. *Aquel que conoce la vergüenza habita en la bondad del Dharma.* Aquel que no la conoce no es distinto de los pájaros y las bestias.

Considerados el día y las tres vigilias de la noche como una lucha contra el sueño, parece quedar poco tiempo para el sueño de verdad. Y cuando alguien se queda dormido, esto es motivo de vergüenza. Mientras las pasiones de la mente nos aflijan, parece haber poca esperanza de un buen descanso nocturno, lo cual sucede prácticamente todos los días de nuestra vida. El descuido es demasiado obvio como para no ser intencionado. La imagen de la vergüenza como una vestidura del honor sólo parece reforzar la paradoja.

De hecho, la cuestión es tan simple como radical: la búsqueda de la claridad de la mente no debería conocer límites, sino alcanzar los engaños inconscientes y automáticos de la mente durante el sueño. A Carl G. Jung le gustaba citar a Agustín a propósito de esto: «Le doy gracias a Dios de que yo no sea responsable de mis sueños». La alusión probablemente es apócrifa, pero la opinión es bastante generalizada. Buda rechaza la excepción. No menos común es la opinión de que la mente liberada es aquella que no tiene de qué avergonzarse. Esto también lo rechaza Buda por tratarse de una autocomplacencia. Mientras la mente esté nublada, *todo* es motivo de vergüenza. Para quien no conoce la vergüenza, una buena noche de sueño sólo aumenta el engaño.

Este cambio de la supremacía de la regla que observamos antes se hace más evidente en la instrucción siguiente:

> Mis queridos monjes, incluso si alguien fuera y os cortase vuestros miembros uno a uno, deberíais controlar vuestra mente y limpiarla de todo rencor. Ninguna palabra agresiva debería salir de vuestros labios. Si dejáis seguir su camino a la animosidad, bloqueará el camino que habéis elegido y eliminará la virtud de vuestros hechos meritorios. *Ningún respeto por la regla o la adop-*

> *ción de prácticas ascéticas podrá lograr lo que puede la abstinencia.* Aquel que practica merece ser llamado torre de fuerza. Aquel que no puede aceptar alegremente tanto un veneno de desprecio y escarnio como un frasco de dulce néctar no merece ser llamado seguidor de la Vía y amante de la sabiduría.

Después de dirigir toda la atención a lo que la regla *puede hacer,* aquí se nos dice que *no puede hacer* lo que sí puede la virtud de la tolerancia, que asumir responsabilidades por la regla requiere percibir los límites de la regla. La enseñanza gana una mayor significación situada en el contexto de una leyenda ampliamente divulgada (aunque probablemente falsa) sobre la causa inmediata de la muerte de Buda. El propio Buda, que es quien explica a los monjes el significado y la importancia de la regla, se está muriendo debido a una intoxicación alimentaria contraída al haber comido un trozo de hígado en mal estado –una infracción evidente de la regla que prohíbe comer carne.

Independientemente de lo que puedan decir sus instrucciones, no pueden más que comunicar el mensaje de que establecer reglamentos sólo nubla más la mente que la regla quiere aclarar. Más que el temor al veneno que puede matar al cuerpo, debería temerse al veneno que puede matar al alma. Éste es el sentido en que, sin tolerancia para las flaquezas de los demás, las reglas pueden intoxicar:

> La razón es ésta: la amargura destruye lo que es bueno y verdadero, y borra el honor. A nadie de este mundo o el próximo le gusta reconocerlo. Debéis advertir que un corazón lleno de rencor es peor que un fuego violento. Debéis manteneros siempre alerta para que esto no os ocurra. *Nada os desposee de la virtud como la amargura.* Debéis estar más preparados para perdonar tal ánimo en los blancos hábitos del mundo que entre quienes emprenden la vida monástica. Pero aun más inconcebible es que uno pueda

recorrer el camino del monje y estar lleno de amargura y rencor, que el ardiente rayo de un relámpago irrumpa en un cielo azul despejado.

A primera vista, la imagen de santidad que tenemos ante nosotros es una imagen de poca pasión y mucha pasividad. La subordinación a la regla, el control de la sensualidad y un sentido profundo de vergüenza se ven reforzados por un cultivo de la resignación y la insensibilidad hacia las ofensas personales que roza el autismo. En comparación, incluso el camino ignorante de los creyentes laicos vestidos de blanco, parece espiritualmente más atractivo. Pero, lentamente, se está preparando el camino para recuperar un placer más elevado. La siguiente breve instrucción, nos lleva un paso más cerca del núcleo del sūtra:

> Mis queridos monjes, coged vuestras manos y pasaoslas por la cabeza. Habéis dejado atrás toda ornamentación en el vestido por un hábito tosco y habéis tomado el cuenco para mendigar lo que necesitéis. En cuanto a vuestra autoestima, debo decir esto: cuando sintáis vanidad, deshaceos de ella rápidamente. El dejar prosperar la arrogancia y que se fortalezca en vosotros es peor para un monje que para un hombre del mundo vestido de blanco. Aquellos que han dejado su casa para recorrer el camino del monje deben, en nombre de la liberación que buscan, aprender más bien a humillar sus mentes y a mendigar. Y si os vierais adulados, queridos monjes, sabed que estáis andando por el camino equivocado. Limpiad vuestras mentes de toda pretensión y continuad adelante, pues las alabanzas sólo pueden llevar a las mentes al autoengaño. Esto no le está permitido al monje. Por lo tanto, insisto en que mantengáis rectas vuestras mentes y busquéis aquello que os importa –honestamente y sin pretensiones.

El pasaje puede hacer esbozar una sonrisa al lector moderno; pero no a los discípulos de Buda. Puesto que la mente se crece orgullosa de sus logros y olvida mirarse a sí misma, también se olvida de dónde está y adónde se dirige. Buda simplemente dice a los monjes rasurados que pasen su mano por donde solían tener sus cabellos y recuerden –como si mirasen en un espejo interior– lo que es más importante.

Los mandatos contra las pretensiones van más allá de la regla monástica, como veremos en la siguiente sección.

EL PROPÓSITO DE LA VIRTUD

La segunda parte del sūtra complementa a la primera en tanto que proporciona un contexto más amplio frente al cual la vocación monástica de dejar el mundo cobra sentido, el contexto en que caen los límites entre el mundo y el monasterio y la regla se abre hacia una ética universal. Al leer así el texto, asumo una postura diametralmente opuesta a la explicación tradicional que parece ver la primera parte de aplicación más universal y la segunda como más «religiosa» y, por tanto, dirigida a la práctica de los monjes.[12]

En particular, la instrucción introduce una serie de ocho virtudes específicas a ser cultivadas, empezando por limitar el deseo:

> Mis queridos monjes, considerad qué significa desear mucho. *Tantas como los beneficios que se busquen son las pasiones que afligen la mente en la búsqueda.* La persona de pocos deseos no busca nada, no quiere nada, y así queda libre de la aflicción. Pero incluso aunque sean pocos los propios deseos, la disciplina todavía es necesaria, pues limitar los propios deseos proporciona mucha virtud y méritos. Aquel cuyos deseos son pocos, no se rebajará para ganarse el favor de los demás o se rendirá a la atrac-

---

12. Véase *Kokuyaku issaikyō* 国訳一切経 [Sūtras colectas], vol. 3, p. 146, nota 45.

ción de los sentidos. *La práctica de limitar los propios deseos proporciona a la mente un sentido de compostura libre de toda ansiedad.* Por muchas que sean las cosas con las que se entre en contacto, nunca dejarán un sentimiento de insuficiencia. Tener sólo pocos deseos es tener nirvana. Esto es lo que significa desear poco.

Como se hizo notar antes, el mandato contra la adulación a los demás y ganarse su favor forma un puente entre la primera y la segunda parte del sūtra. Ahora la razón se aclara: la mente que ha sido puesta bajo control al renunciar a la licencia debe guardarse de volver a caer en ella bajo la forma de los privilegios concedidos por los demás. La satisfacción que Buda tiene en mente enseñar a sus seguidores es una satisfacción *sin privilegio o licencia.*

La disciplina del deseo no se perfecciona conteniendo el deseo, sino más bien produce sus mejores frutos cuando la contención ha surtido efecto. El control del deseo no es un logro sino un punto de partida. Es un experimento de un nuevo modo de ver, fortalecido por el deseo concentrado en lo que verdaderamente importa:

> Mis queridos monjes, si vuestro deseo es escapar a las pasiones de la mente, debéis dedicar algún pensamiento a la suficiencia. *El principio de suficiencia ofrece un lugar reservado cómodo.* Aquel que sabe cuánto es suficiente se siente cómodo incluso si se le hace dormir en el suelo; aquel que no lo sabe está incómodo en las propias cortes celestiales. Para aquel que nunca tiene bastante, la riqueza es todavía pobreza; para quien sabe cuánto es suficiente, hay riqueza incluso en la pobreza.[13] Aquel que no

---

13. En el *Tratado de la gran sublimidad*, atribuido a Aśvagoṣa y traducido por el propio Kumārajīva, el mismo aspecto es planteado de otro modo: «Para aquel que no sabe cuánto es bastante, la riqueza es pobreza» (T.4.267c).

sabe cuánto es suficiente se verá empujado de un lado a otro por los deseos de los sentidos; aquel que sabe encuentra consuelo. Esto es lo que se entiende por *saber cuánto es suficiente.*

A medida que el sūtra llega a su punto culminante, las palabras de Buda pasan con más facilidad entre las pesadas barras de hierro de la traducción. Puesto que el punto más significativo además no es complicado ni está embellecido: *limitar el deseo para disfrutar de la suficiencia.*[14]

El *Sūtra de los ocho grandes despertares,* un breve texto compuesto en chino alrededor del siglo II, incluye el despertar al conocimiento de la suficiencia como el tercero de los despertares: *el esclarecimiento de la mente nunca se cansa de tener bastante.*[15] La mente convertida a la suficiencia es clara, transparente –y agradable. Aprender a limitar el deseo no es un camino oscuro de descenso entre los extremos de la glotonería mundana y la tortura ascética autoimpuesta, sino un punto elevado desde el cual ambos extremos parecen mediocres. Tampoco, como dice el *Viejo sūtra de las analogías compiladas,* el esclarecimiento de la suficiencia tiene que ver con el mero «raciocinamiento»,[16] substituyendo la codicia por frugalidad cuidadosamente calculada.

El fijar límites al deseo aclara la mente de modo que puede pensar sus mejores pensamientos, saborear sus

---

14. Éste es el sentido de los cuatro caracteres chinos 少欲足知. Aunque no se encuentre como una unidad en el texto discutido aquí, es una frase común en los primeros sūtras y comentarios. La traducción china del pasaje del *Buddhacarita* (12.47) es empleado de este modo: «Haz que tus deseos sean pocos y detente cuando estés satisfecho... Disfruta la disciplina de la soledad en un lugar apartado» (T.4.23B).

15. T.17.715B.

16. T.4.517C.

mayores delicias. Un exceso de deseo –en realidad, un exceso de *cualquier cosa,* ya sean bienes, poder, ideas o incluso de práctica religiosa– disipa la propia capacidad de disfrute.[17]

Es más, el principio de suficiencia (literalmente aquí, «la ley del saber cuánto es suficiente») es una especie de alquimia espiritual que transforma el deseo en *con-solación,* transforma la ansiedad en *com-postura* y el dolor en *con-fort.* Lejos de aislarse uno mismo de la comunidad humana, un conocimiento de la suficiencia es el fundamento de la verdadera convivencia. En palabras de un antiguo sūtra chino que trata muchos de estos mismos temas:

> El saber cuánto es suficiente –esto es convivencia.[18]

El seguir el camino religioso es considerado normalmente como el camino solitario por excelencia. El orgu-

---

17. El especialista en el budismo Tiantai, Paul Swanson, llamó mi atención sobre un pasaje del *Manual breve de la contemplación Tiantai* (T.46.463A) que sostiene esto en particular. Uno de los primeros sūtras chinos cercano a la tradición *Dhammapada*, el *Sūtra de lo esencial del Dharma*, también establece una conexión directa entre el saber lo suficiente como dar satisfacción a la manera del nirvana y la posibilidad de entrar en la meditación. (Ver también T.4.783C.)

18. *Sūtra de las vidas anteriores de Buda*, T.4.108a. El chino 足知人間楽 sugiere que no es meramente el individuo quien sabe cuánto es bastante (足知之人) sino la comunidad de esas personas cuyas vidas llegan a ser agradables gracias a la aplicación del principio de suficiencia. La santificación de la comunidad de monjes como una de las tres joyas del budismo, el «bodhisattva ideal» como la compasión altruista de la mente despierta por causa de los demás y la imagen de la comunidad de «innumerables Budas» que figura de forma destacada en el *Sūtra del Loto*, todos militan contra la idea de que la mente iluminada es una mente aislada en su propia satisfacción.

llo de ser libre –al menos hasta los tiempos modernos– es algo que asociamos de forma natural con la capacidad de «cambiar de mente». Pero, de hecho, nunca hacemos nuestra propia mente. Siempre somos una parte de las mentes de los demás y es en la comunidad de mentes donde encontramos nuestra satisfacción espiritual. Debemos retener esto cuando el texto prosigue para discutir el significado de retirarse en soledad:

> Mis queridos monjes, si lo que buscáis es una serenidad libre de todas las cosas que debéis hacer, idos lejos de la confusión bulliciosa a un lugar donde podáis estar solos. *Aquel que permanece en un retiro tranquilo tiene la admiración del Poderoso Señor Indra.*

La aparición de un dios de la mitología hindú es algo que, de entrada, llama la atención. Indra, denominado el Poderoso (Śakra) a causa de su conquista del demonio del mar que intentaba controlar las aguas, cabalga en los cielos con rayos en las manos, separando las nubes en cada primavera para llevar la lluvia a las tierras secas. Para un país como la India, que ha conocido devastaciones por la sequía durante siglos, un dios que controla la lluvia es la imagen natural de un Hacedor supremo. La imagen de Buda de la mente nirvánica es exactamente lo opuesto –una acción deliberada de desasirse del hacer, una especie de «hacer sin hacer».

Las ocupaciones de la vida, cualquiera que sea el objeto de atención en un momento dado, consisten en mantenernos ocupados. Es *esto* lo que la enseñanza del nirvana de Buda busca refutar hablando de un estado en que uno puede *ser* sin tener siempre algo que *hacer.* Esto puede parecer menos que nuestra imagen habitual de lo que hace que valga la pena vivir la vida, pero si se piensa que ese es un estado «esclarecedor» de la mente, de modo que se puedan reconsiderar todos los quehaceres, entonces, es un ideal *sin el cual* seríamos menos que completamente humanos. La conclusión que se sigue de forma natural es:

> *Por tanto, renunciad a la familia y a la sociedad, y entrad vacíos en la soledad si queréis cortar la raíz del sufrimiento.* Tantos cuantos fueren vuestros placeres son vuestros dolores. Si muchos pájaros acuden en masa a un gran árbol, harán que pese más hasta que se debilite y se rompa. Las restricciones de la sociedad llevan a la miseria hasta que, como un viejo elefante atrapado en el fango, no hay salida. Por esto hablamos de *retirada.*

Como se ha sugerido antes, la idea del retiro en la soledad debe ser tomada casi en el sentido literal del eremitorio de un monje. Como en algunos idiomas occidentales, los budistas chinos usan la imagen de «morar» también para «afincarse en» ideas que nos atrapan en el fango de la convención. El arte de la soledad está vinculado con tres virtudes, todas ellas tienen que ver con aclarar la mente de modo que se pueda ver, y ninguna de las cuales, repitamos, son específicamente identificadas con la vida del monje:

> Si hacéis el esfuerzo, queridos monjes, y disponéis el espíritu diligentemente, nada es demasiado difícil. Entonces, hacedlo. Incluso un poco de agua puede disolver una roca si perdura en ella lo bastante. *La disciplina para emancipar gradualmente la mente es como frotar un tronco para hacer un fuego.* No importa cuán desesperadamente queráis hacer un fuego, será difícil encenderlo si os detenéis antes de que esté lo bastante caliente. Esto es lo que se entiende por *espíritu diligente.*
>
> Mis queridos monjes, buscad buenos amigos y buenos ayudantes. Evitad el olvido. Sin olvido que os decepcione, no hay manera de que las pasiones de la mente entren y os roben. De este modo, mantened siempre vuestros pensamientos recogidos. Si perdéis el recogimiento, seréis privados de la virtud, pero si vuestra mente es firme en su resolución, ni siquiera la privación

> de las pasiones de la mente os dañará. Si entráis en batalla enjaezados en la armadura, no tendréis nada que temer. Esto es lo que se conoce como *no olvidar.*
>
> Una mente recogida, queridos monjes, es una mente que está centrada. Y una mente que está centrada es capaz de percibir tras las cosas de la vida la ley de la vida-y-muerte. Así, sed siempre diligentes en vuestra práctica de cultivar la virtud. La mente concentrada no se deja dispersar. Como una casa en la que se refuerzan los bancales para conservar el agua, el discípulo cultiva la concentración meditativa para mantener las aguas de la sabiduría sin dejarlas escapar desperdiciándose. Esto es lo que se conoce como *centrarse.*

El ideal de una mente clara, que habita en la serenidad, no es sino una mente anestesiada, a 1.000 metros más allá del placer y el dolor. Las virtudes de la diligencia, el recogimiento y el centrarse no deben ser cultivadas por su propia causa: el principio de suficiencia es más que esto. Como el rechazo del privilegio y la licencia, dichas virtudes están destinadas a aliviar el dolor de nuestra existencia, a aumentar los placeres de la vida. La sabiduría empieza con la percepción de los límites:

> Mis queridos monjes, *si tenéis sabiduría no seréis consumidos por la codicia.* La continua autorreflexión os mantendrá lejos del extravío. Con ella, hallaréis la emancipación en medio del gentío y de las cosas. Sin ella, os impediréis a vosotros mismos entrar en el monacato. De hecho, no podréis ni siquiera ser contados entre los que llevan hábitos blancos. Sólo podréis ser llamados desubicados. La sabiduría es un barco firme que os llevará por el mar de la vejez, la enfermedad y la muerte. Es una antorcha que brilla en la oscura noche de la ignorancia. Es un buen remedio para todo aquello que os aflige; es un hacha afilada para atajar las pasiones de la mente. De este modo, buenos monjes, escuchad, pensad y disciplinad vuestra mente para que la sabiduría pueda crecer y prosperar en vosotros. Aquel que tiene la luz de la sabiduría puede ver las cosas claramente incluso sin el don de la visión divina. Esto es lo que se entiende por *sabiduría.*

No hay nada de sobrenatural en la sabiduría a la que Buda exhorta a sus seguidores, tampoco está restringida a quienes llama monjes. No es una sabiduría que pueda ser aprendida simplemente leyendo sūtras. En efecto, no es un cuerpo de ideas sino un *hábito de pensar claramente* que ilumina todo aquello a lo que dirige su atención. En otras palabras, el principio de suficiencia y el arte de la satisfacción no son técnicas que haya que dominar para obtener un certificado de experto. Son la sabiduría en práctica. Esto es lo que se entiende por virtud.

Ahora bien, si bien es cierto que la sabiduría empieza por hacer transparente la sabiduría convencional y penetrar su oscura ignorancia, no debe permitirse ser acechada por el debate académico, como nos dice la siguiente breve instrucción:

> Mis queridos monjes, si os permitís toda suerte de sofismas frívolos, vuestras mentes se dispersarán. Podéis haber dejado el hogar, pero esto no quiere decir que seáis libres. Dejad ir los juegos académicos que importunan la mente. Si deseáis el placer de la paz nirvánica, eliminadlos todos. Esto es lo que se entiende por *la obliteración de los sofismas.*

LA PERFECCIÓN DE LA VIRTUD

La tercera sección del sūtra une la primera y la segunda sección con una simple exhortación a apropiarse de la verdad:

> Mis queridos monjes, entregarse uno mismo incondicionalmente al rechazo de la licencia, a través de la práctica de estas virtudes, es como liberarse de un ladrón vengativo. Todo deseo de las bendiciones de la gran compasión del Honrado del Mundo[19]

---

19. Aquí, el Buda se está refiriendo a sí mismo.

> requiere un esfuerzo supremo. Sólo tenéis que ejercitaros en la práctica. Si estáis en las montañas o en las llanuras, bajo un árbol, en un retiro solitario o en una habitación tranquila, pensad en el Dharma que habéis recibido y nunca lo perdáis de vista.
>
> Ejercitaos siempre, sed diligentes en espíritu y practicad el Dharma. Si no lo hacéis, vuestra muerte será en vano y os arrepentiréis después. *Como un buen doctor, he hecho mi diagnóstico y he explicado la cura, pero no es mi responsabilidad si tomáis o no la medicina.* El buen guía sólo guía bien, pero no es culpa del guía si las personas no le escuchan y recorren el camino por cuenta propia.

Las tres secciones que concluyen el sūtra, las cuales comprenden cerca de un quinto de la totalidad, describen al Buda despidiéndose de la vida. Tras repetir el sencillo mensaje de su primer sermón –el famoso diagnóstico y remedio para la enfermedad de la existencia humana conocido como las Cuatro Nobles Verdades– intenta mitigar el pesar de sus discípulos mostrándoles que él afronta la muerte como si ésta fuera un amigo, no un enemigo temible. El efecto es abrir el texto a una tradición budista más amplia y al mismo tiempo romper el encantamiento de lo sagrado, devolviendo al lector al mundo cotidiano donde la virtud debe ser ejercitada.[20]

La partida del maestro, Buda, simboliza la despedida que debe acompañar a todo aprendizaje como discípulo. Lanzarse meditativa y sumisamente a un texto de estas proporciones es como viajar dentro de la oscuridad de la mente, armados sólo con temor a la oscuridad y el deseo

---

20. La declaración final recuerda a un pasaje de *Buddhacarita*, la vida legendaria del Buda antes mencionada: «No basta con mirar al doctor; hay que tomar la medicina para curarse». Conze, *Buddhist Scriptures*, p. 62 (traducción adaptada).

de ver más claramente. Las instrucciones de Buda hacen poco por aumentar la satisfacción de poner la casa en orden. Más bien hablan del éxtasis de desasirse del orden convencional de las cosas. Sólo entonces puede la búsqueda de la satisfacción del conocer cuánto es suficiente, de recomponer el *symbolon* o de cuadrar el círculo, transformarse en un experimento para refrescar la imaginación lo que significa disfrutar de una vida y una mente claras a la vez.

Se dice que la primera indicación entre los antiguos griegos de una moral universal libre de los prejuicios tribales y culturales se encuentra en dos dichos grabados en los muros del templo de Apolo en Delfos: «Conócete a ti mismo» (*γνῶθι σαυτόν*) y «Nada en exceso» (*μὴ δεν ἄγαν*). La gran variedad de tradiciones filosóficas, religiosas, científicas y artísticas que han adoptado el primer mandato, permanecen bien vivas en la cultura moderna. En cambio, la respuesta humana colectiva al segundo mandato ha quedado rezagada –en gran parte poco inspirada, inarticulada, aislada de la moral cotidiana. Sugiero que la escuchemos como una vocación hacia una cultura más elevada.

Una naturaleza ficticia

En diciembre de 1992, un grupo de habitantes de la ciudad de Seto, situada en el centro de Japón, organizó un encuentro en el ayuntamiento para protestar contra los planes del gobierno provincial de «desarrollar» una reserva natural que sería propuesta como sede para una Exposición Internacional en el año 2005. La Asociación Seto para la Naturaleza, uno de los principales organizadores del encuentro, había perdido la esperanza de ser escuchada por la comunidad de empresarios, que se iba a beneficiar mucho del evento, y decidió unir fuerzas para impedir la realización de esos planes. Me invitaron a hablar sobre la cuestión de qué le había ocurrido a la «naturaleza» en la imaginación contemporánea y acogí positivamente la oportunidad de echar otro «sabot» en el mecanismo del plan.

Muchos de los participantes más activos en la protesta –que todavía hoy sigue vigente– eran antiguos miembros de una serie de seminarios públicos, que yo había dirigido durante diez años, sobre la separación entre la religión y la experiencia inmediata, el trabajo, la tecnología y la primacía del mundo natural.

Más que centrarme simplemente en la cuestión concreta que tenía a mano, intenté examinar la manera en que la propia idea de la naturaleza en sí había sido cosificada y había quedado envuelta por un aura de sentimentalismo en la sociedad japonesa contemporánea. Me parecía que no sería suficiente posponer la destrucción de la reserva natural o ubicar la Exposición en otro lugar. Mi propósito era sugerir, simple y llanamente, que quienes adoptan posiciones contrarias en un conflicto en particular pueden, en realidad, estar compartiendo el mismo mito sobre la naturaleza.

La conferencia fue publicada con el título「自然と心」en『出会い』[Encuentro] 11/3, 1994, pp. 44–54. La traducción inglesa apareció en *Japan Christian Review* 59, 1993, pp. 103–111.

Dado el progreso actual del ataque violento de la civilización contra el mundo natural, tan sólo rehusar a examinar los hechos puede permitir a alguien seguir felicitándose por su amor a la naturaleza. Una autoindulgencia como esa se basa en un hábito de pensamiento distintivamente moderno que yo llamaría la «sentimentalización de la naturaleza». En suma, pretendo ofrecer algunas propuestas concretas para romper con ese hábito. Antes de hacerlo, no conozco mejor manera de arrojar luz sobre lo que se ha convertido efectivamente en una adicción masiva a una naturaleza ficticia, que dar vueltas en torno al problema –como un halcón que juega con un gorrión, volando en espiral cada vez más alto hasta que la pobre criatura pierde el aliento y cae en las garras de su perseguidor. No es que el tema del que voy a hablar sea demasiado complejo, sino que es casi demasiado simple y su gravedad demasiado evasiva como para poder agarrarlo al primer golpe.

I

La *sentimentalización de la naturaleza* es un fenómeno que adopta distintas formas en diferentes culturas. Pero además, atraviesa las fronteras culturales tradicionales y, de hecho, se ha convertido en uno de los pilares del proceso de «internacionalización» que ha dado como resultado lo que nos hemos acostumbrado a llamar «cultura global».

La actitud cultural dominante hacia la naturaleza se da hoy día de acuerdo con una medida uniforme de la calidad de vida que podemos denominar «del desarrollo económico». Nuestro ideal de una vida buena, y el modo en que nos ha llevado a mirar el mundo natural, es casi ciego a las distinciones entre agrícola e industrial, rico y pobre, bélico y pacífico, democrático y despótico. Ese ideal fluye por la mente moderna bajo la superficie de las preocupaciones diarias más graves. De hecho, es sólo por un acuerdo tácito que dejamos tal actitud bajo la superficie de la conciencia, de forma que podamos adoptarla sin tener que pensar si es o no moralmente aceptable.

Simplificando, la actitud cultural hacia la naturaleza posee dos rasgos definitorios. Primero, valora la naturaleza ante todo como un ambiente fructífero, habitable y agradable para los seres humanos; y devalúa la naturaleza cuando se muestra como un ambiente hostil, desobediente o improductivo para los seres humanos. Para promover el primero y eliminar gradualmente el segundo, las comunidades civilizadas se han arrogado el *derecho* de ajustar y transformar el mundo que nos rodea. Este derecho sólo queda paliado por el *deber* moral que lo acompaña, a fin de asegurar que las personas humanas, y no el mero provecho económico, ostentan el primer puesto de honor. Si las circunstancias, con todo, llevan a las personas a enfrentarse a la elección entre la salud y la preservación de las especies animales y vegetales, por un lado, y el bienestar humano, por otro, la misma moral les obliga a sacrificar el mundo no humano por causa de lo humano.

Segundo, la actitud dominante hacia la naturaleza asegura que el entendimiento humano del mundo natural progresa por ensayo y error, se construye sobre sus logros pasados y enmendando los errores del pasado en la medida en que eso sea posible. Cuando se causa algún daño imprevisto o desastroso al mundo natural debido a la aplicación de nuevas tecnologías al trabajo humano, daño que podría perjudicar realmente a los seres humanos, se da por supuesto que más inversión en tiempo e investigación científica enseñará a nuestros expertos entrenados cómo corregir el error y asegurarse de que no se repetirá. Es más, si generar nuevas herramientas y métodos para corregir los abusos y descuidos de los antiguos resulta económicamente provechoso, hay razones para creer que la tecnología permanecerá al servicio de las personas y no al contrario. Entretanto, en situaciones económicas adversas, donde demasiada atención a las devastaciones que la tecnología ha infligido sobre el mundo natural podría amenazar todo el desarrollo económico, una preocupación por el ambiente debe hacer, ocasionalmente, concesiones o ser aplazada.

Estas dos ideas –que la naturaleza es nuestro ambiente legítimo y que los excesos tecnológicos pueden ser reparados con más tecnología– se encuentran en la raíz de la filosofía centrada en el hombre que subyace al desarrollo. Me he referido a esto antes como algo de *sentido común,* pero cuando nos volvemos hacia el mundo de los hechos, a lo que ha sucedido realmente en nombre de esta filosofía nuestra, vemos que es un *sinsentido común* de proporciones devastadoras. Para todas estas amarras científicas, nuestra actitud cultural dominante hacia la naturaleza funciona como un mito que no puede ser puesto en cuestión sin importunar el estilo de vida al que nos hemos acostumbrado. En vez de eso, los *facta* públicos acerca del estado del mundo natural se han transfigurado en la *agenda* política que debe ser llevada adelante o ser postergada a conveniencia de nuestros dirigentes electos, mientras que dejamos al sentido común soportar la afrenta de contentarse con un mundo ficticio. La participación voluntaria en esta conspiración viene facilitada por lo que estoy denominando una sentimentalización de la naturaleza.

Considérese, por ejemplo, el hecho de que palabras como «aire limpio» ya no corresponden a nada concreto de la naturaleza. Sencillamente ya no existe más aire limpio en la tierra –ni en las profundidades de las grandes selvas tropicales, ni en los casquetes de hielo del Polo norte– que no contenga la suciedad de los desechos industriales. Esto es un conocimiento científico común desde hace más de una década.

Sin embargo, un grupo de jóvenes aprovecha un fin de semana largo para huir del hollín y el cemento de la ciudad al mundo limpio y verde de la naturaleza. Andan durante horas por las montañas y acampan en un pequeño bosque. Se despiertan por la mañana temprano con el canto de los pájaros y el susurro de los árboles. Uno de ellos escala la cima de una colina cercana. Cuando sale el sol por el este, hincha sus pulmones con aire fresco, limpio, y se siente purificado en cuerpo y alma de las dolencias de la vida cotidiana. Si se detuviese y consultase sus conocimientos, se daría cuenta de que el aire que está respirando contiene los mismos elementos nocivos que el aire de la ciudad, sólo que en cantidades menores, y de que el trabajo cuya remuneración paga esta huida a la naturaleza está contribuyendo generosamente a esa polución. Pero nada es lo bastante devastador para destruir la belleza natural como la invasión cruel de los hechos, y así envuelve su conciencia con una inocencia ficticia y permite por un momento, en vez de eso, reconfirmar su fe en la civilización: la naturaleza es *nuestro* ambiente, y mientras lo recordemos, un día encontraremos una forma de hacer que el aire que respiramos sea limpio de nuevo.

Aristóteles comienza su *Metafísica* con las palabras «Todas las personas, por naturaleza, desean conocer». La acumulación de conocimiento y el inexorable ímpetu del espíritu científico parecen demostrar que estaba en lo cierto. La forma en que sentimentalizamos la naturaleza, sin embargo, nos dice lo contrario: todos nosotros también deseamos por naturaleza *no conocer.* Lo que no queremos saber es simplemente que ya no existe ningún lugar al que podamos ir para «huir del bullicio». Dondequiera que estemos, el veneno de la civilización está justo ahí con nosotros.

Las consecuencias del aire contaminado acabarán por ser más radicales de lo que pueda imaginarse. Durante nuestro tiempo de vida, el clima ha cambiado permanentemente, de modo que los registros meteorológicos anteriores se han vuelto irrelevantes para la previsión del tiempo. No hay vuelta atrás en este estado de cosas. No hay nada que pueda hacerse para reparar el daño. Ninguna tecnología futura podrá alterar este hecho para devolvernos las miles de especies de plantas y animales desaparecidas con el «progreso». Cuando un árbol, que ha durado más tiempo que la propia civilización humana, es talado para construir una autopista, para que las personas puedan llegar más rápidamente al trabajo, unas pocas personas impotentes llevan el duelo. Al resto les basta con recordar que, después de todo, es *nuestro* mundo y algún día, si tenemos la oportunidad, lo arreglaremos.

Sean cuales sean los valores culturales o espirituales que el jardinero de fin de semana pueda tener en mente cuando construye un pequeño jardín o cultiva unas pocas flores y vegetales, ya no se trata de «hacer una contribución particular» para el cultivo del mundo natural. La administración civilizada de la naturaleza ha dejado atrás, desde hace mucho, las metáforas sobre el cuidado del propio jardín. La parcela de flores del jardín trasero ya no refleja una realidad cultural amplia y, por tanto, ya no alimenta un estado del alma que tiene que ver con un modo de administrar la naturaleza. Es una ficción sentimental.

Cuando digo que los hechos de la naturaleza se han convertido en el orden del día de la política, no me refiero a que esto implique que nuestros gobiernos no reflejen los deseos de la población. No existe ningún gobierno nacional en ningún lugar del mundo preparado para ofrecer a sus ciudadanos electores la oportunidad de situar el progreso económico, su salud personal y corporativa en un segundo plano, detrás de la protección de la naturaleza. Un voto por la naturaleza sería equivalente a un voto contra la civilización, algo que ninguna sociedad moderna está preparada para tolerar. Al mismo tiempo, no hay gobierno que no exija que los niños estudien en la escuela los hechos relacionados con los problemas medioambientales que hacen que esta opción sea cada vez más inevitable. El sentimentalismo ya no es un asunto privado, como tomarse un descanso de la fábrica para respirar aire puro de montaña o cuidar un jardín para demostrar el propio amor a la naturaleza. Es un modo de vida elegido para el cual no parece haber alternativa alguna.

Debido a que esta actitud dominante hacia la naturaleza es una convención global, lo diferencial cultural se muestra sólo en *las formas de expresión que adopta nuestro sentimentalismo.* Las actitudes culturales hacia la naturaleza ya no se distinguen principalmente por los patrones de pensamiento presentes sino por la diversidad de los pasados históricos que separan una cultura de otra. Lo peculiarmente japonés en lo que hace a la actitud de las personas japonesas con respecto a la naturaleza, por ejemplo, pertenece hoy a un modo de vida que ha dejado de existir, a un modo de pensamiento y comportamiento que una vez fue pero que ya nunca más será. En la medida en que el propio sentido de la distinción cultural no es capaz de distinguir los hechos de la ficción, se entrega a un tipo de sentimentalismo que saborea las maravillas y terrores de la naturaleza sin detenerse a pensar ni una sola vez en las contradicciones que conlleva en la vida cotidiana.

Los hábitos sentimentales que provocan suficientes lágrimas en los ojos como para nublar la visión de la naturaleza representan una especie de adicción global enmascarada de costumbre local. Cuando alguien se dirige a un centro cultural bien aclimatado y limpio para practicar *haiku* o *ikebana* creyendo que está haciendo algo dotado con una significación cultural antigua, esa persona también consiente en creer lo que se le ha hecho creer, ignorando hechos que sabe verdaderos. Lo que una vez fue un ejercicio espiritual ahora requiere de quienes lo practican un estado mental que dirija su mirada a una naturaleza que no existe o cerrar los ojos a la naturaleza que existe –una naturaleza que está ahí para ver el gas que sale del tubo de escape del coche que llevó a esa persona a su clase o los contenedores de basura llenos del papel que ha utilizado sólo a medias. No importa si se define el propio país como desarrollado o en vías de desarrollo. La sentimentalización vuelve impotente unas actitudes culturales, otrora dominantes, hacia los árboles, los animales, el aire, el agua y el suelo y en su lugar deja una fantasía, brillante, pero vacía.

Es preciso aclarar a todos los niños en edad escolar los hechos de la vida civilizada de los albores del siglo XXI. Lo primero, y más importante, es que necesitamos «dejar a la naturaleza ser naturaleza», para dejar de herir lo que ha vivido durante eones antes de que el progreso humano empezara a infectar el planeta. Entonces, –y *sólo* entonces– habremos empezado a reparar las culturas que han contribuido a infligir esas heridas.

II

La cultura, tal como ha sido entendida la palabra clásicamente, es el balance que una comunidad de personas sitúa entre *cultivatio* y *cultus,* entre los esfuerzos para reformar la naturaleza y reverenciar la divinidad de lo que la naturaleza hace por sí misma. Esto no quiere decir que la tarea de reformar la naturaleza para sustentar y mejorar la vida humana haya sido experimentada siempre, incluso en las sociedades más primitivas, como una cooperación armoniosa entre un pueblo y sus dioses. El desagrado por la falta de fiabilidad de la naturaleza, incluso cuando es atribuida a la interferencia de poderes celestes, parece haber residido tras la aspiración a hacer herramientas durante toda la historia de la humanidad.

Así, una vez se han fabricado herramientas cada vez más eficaces para manejar el medioambiente, a consecuencia de esto, la confianza en el dominio de los dioses sobre el mundo natural se ha debilitado. A menudo, esto ha llevado a reforzar la creencia en el poder del destino sobre las pruebas y las bendiciones de la vida humana, de modo que la transformación gradual de la naturaleza en un ambiente humano se ha reflejado en una transformación semejante de los dioses, en una providencia divina que gobierna la historia humana, aunque saliendo de la historia de la naturaleza.

Este no es lugar para entrar en detalles. El único punto que me gustaría señalar es que la transición de la agronomía agrícola y animal a la manufactura industrial, del cultivo a la fabricación, difícilmente fue un choque inesperado para el alma. La espiritualidad requerida estaba fermentando casi desde el principio de la civilización y abrigó problemas mucho más perentorios que simplemente quién debería controlar los medios de producción y cuál sería una relación equitativa del trabajo con ánimo de lucro.

En la época de la revolución industrial, una nueva creencia en la eficacia de la división del trabajo, acompañada de una disociación del trabajador individual del producto final, fue promoviendo la transformación de la naturaleza en medio ambiente demasiado veloz y sutilmente como para ser advertida. Mientras los teólogos y los filósofos debatían sobre cómo redibujar las fronteras entre la ciencia y la religión, la tecnología manufacturera estaba ocupada en forjar una nueva cultura de la vida y del trabajo en espacios cerrados. El progreso en el control de la temperatura y la iluminación creaba no sólo un nuevo clima para la manufactura ininterrumpida de mercancías, sino que prestaba apoyo a un credo universal del progreso que veía el mundo natural como una fuente inagotable con la que mejorar el estilo de vida de la comunidad humana.

Es en el contexto de esta historia que creo debemos considerar nuestro hábito actual de sentimentalizar la naturaleza. Esto implica también recordar que el mundo de la naturaleza no ha sufrido esta historia sumisamente. Por muy «natural» que nos parezca imaginar el mundo no humano como una colección de leyes y códigos reproductivos, la enfermedad que el mundo ha contraído en nombre del progreso humano –en cierta medida, ahora ya una enfermedad mortal– ha convertido el sueño de una naturaleza como medio ambiente en una pesadilla humana. Las comodidades tecnológicas disponibles en los países más ricos hacen que se consideren a sí mismos más «desarrollados» debido a su calidad de vida que discurre en ambientes cerrados. Lo que hace más aceptable nuestra moderna sentimentalización de la naturaleza es precisamente que la naturaleza que disfrutamos en dosis empaquetadas, cuyas maravillas y misterios aplaudimos en el arte y la poesía y en la religión, es un lujo pagado con el continuo abuso de la naturaleza. Tampoco deberíamos pasar por alto la ironía de que esos mismos abusos pagan nuestro encuentro aquí hoy en esta sala para lamentar lo que está ocurriendo.

Frente a esto, el imperativo de «dejar a la naturaleza ser naturaleza» no es otra cosa que una apelación a dejar de transformar la naturaleza en medio ambiente. La naturaleza no tiene más opción que ser lo que es. Como sugiere el término sino-japonés *shizen* 自然, es la naturaleza de la naturaleza que trabaja por sí misma, sin contar con nada fuera de sí misma. Ahora que hemos visto cómo la naturaleza ejercita esa opción contra las agresiones de la tecnología humana, debemos renunciar al sueño de desposeer a la naturaleza esa opción. No es cuestión de algo que podemos o deberíamos hacer sólo si podemos reunir la voluntad necesaria, –es algo que *tenemos que* hacer.

Por mi parte, considero que esta obligación comienza por resucitar en la conciencia moderna un número considerable de ideas muy antiguas y muy simples, arrancarlas de nuestro pasado tan lentamente que sólo entonces podamos ver dónde perdimos el contacto con ellas. Una de esas ideas, muy querida por el corazón de la mayoría del arte y la cultura oriental, es la idea de «la utilidad de ser inútil». Hay una historia en los «Capítulos interiores» del *Zhuangzi* que habla de este aspecto elocuentemente y ofrece un buen punto de partida para trazar la historia de nuestro descuido del respeto por el mundo natural. Es una historia sobre cierto maestro carpintero llamado Piedra y su aprendiz, y cómo un día encontraron la verdad sobre la inutilidad de los árboles.

Parece ser que en uno de sus viajes sucedió que los dos pasaron ante un gigantesco roble que estaba cerca del santuario local de un pueblo. El joven aprendiz se detuvo un momento horrorizado ante la elevada majestuosidad del árbol, cuyo tronco debía medir unos cien palmos de circunferencia y cuyas ramas eran tan inmensas que al menos diez de ellas podían ser taladas para hacer con ellas barcos. Pero el carpintero Piedra siguió adelante sin dedicar al árbol ni una segunda mirada. Al alcanzar a su maestro, el aprendiz le preguntó por qué desperdiciaba una oportunidad así de conseguir una madera como esa, la más espléndida que había visto desde que trabajaba con una hacha.

«¡Para!» le reprendió el maestro. «El árbol es inútil. Un barco hecho con él se hundiría, un ataúd pronto se pudriría, una herramienta se quebraría, una puerta rezumaría savia y una viga tendría termitas. Es una madera sin valor que carece de utilidad para nosotros. Esta es la razón por la cual ha alcanzado tal edad madura».

Aquella noche el árbol se le apareció al carpintero Piedra en sueños lamentándose de haber sido comparado con árboles útiles que son desguarnecidos y podados y se les despoja de sus frutos o son cortados cuando son jóvenes porque atraen la atención del mundo en general.

«En cuanto a mí», dijo el gran árbol, «he intentado durante mucho tiempo ser inútil. Casi fui destruido varias veces, pero por fin he encontrado un modo de ser inútil, y esto es lo más útil de todo. Si hubiera sido útil, ¿podría haber crecido tanto? A parte de eso, tú y yo somos dos cosas. ¿Cómo podría una cosa juzgar a otra cosa? ¿Qué puede saber un hombre mortal y sin valor como tú sobre un árbol sin valor?»

Al día siguiente, cuando el aprendiz supo del sueño, se sintió intrigado: «Si el árbol tenía un deseo tan grande de ser inútil, ¿por qué sirve de santuario?». Esa vez el maestro asumió la defensa del árbol: «Sólo está fingiendo ser un árbol sagrado para no ser dañado por aquellos que no saben que es inútil. Si no lo hiciera, probablemente ya habría sido cortado. Se protege a sí mismo de una forma diferente de las cosas comunes. Y nos equivocaremos si lo juzgamos de una forma común».

La historia ha recorrido todas las épocas, desde la China antigua en el siglo III AC a la nuestra, sin perder un ápice de su poder, de modo que casi resulta superfluo comentarla. El roble nos habla directamente de una naturaleza que ha luchado entonces, como lucha ahora, por ser inútil para la civilización humana. Nos impone, como hizo el carpintero Piedra, encontrarla en nuestros corazones para dejar a la naturaleza ser naturaleza.

Pero hay un detalle en la historia, en el que no se repara fácilmente en una primera lectura, sobre el que me gustaría llamar la atención: el árbol encuentra su inutilidad sirviendo como árbol sagrado. Para el carpintero Piedra, eso no era más que un modo de protegerse de los malentendidos fingiendo ser algo que las personas podían entender. Pero seguramente aún hay algo más. El «santuario» en que se encontraba originalmente era un bosque sagrado tradicional separado de la naturaleza por una comunidad local de oración, un lugar donde podían invocar las bendiciones de los dioses e implorar su protección contra las devastaciones de la naturaleza. Como tal, representaba los límites de la inutilidad de la naturaleza en la creación de un entorno humano. Se creía que los dioses vigilaban el mundo humano porque estaban al corriente de los propósitos más elevados de una naturaleza aparentemente inútil.

La creencia en la inutilidad de la naturaleza como mediadora de las relaciones entre lo humano y lo divino es un hecho religioso fundamental que ha adoptado una gran variedad de formas a lo largo de la historia. En el mito bíblico de la creación, Dios creó la naturaleza de la nada. La naturaleza no estaba hecha a partir de Dios ni de la misma substancia que Dios, pero fue generada por una palabra que le ordenaba existir. Desde el principio no había un vínculo natural entre lo creado y quien lo creaba. La ley moral que situaba a los hombres al margen del resto de la naturaleza y les daba un sentido del pecado estaba establecida por decreto divino. La inmoralidad era una ofensa a una realidad más elevada que trascendía el mundo natural, cuyos mandamientos empezaban con una censura inflexible al reverenciar como si se tratara de algo divino a lo que no eran más que ídolos del mundo natural.

El hecho de que la crítica filosófica de la civilización occidental, que seguía muy de cerca a la Revolución Industrial, no pudiese más que incluir un pronunciamiento sobre la muerte del Dios trascendente de la creación en la conciencia moderna no es algo que deba sorprendernos. Como tampoco que en nuestros días, en que resuenan más alto que nunca los ecos de ese pronunciamiento, haya surgido un interés renovado por el politeísmo para llenar tal laguna espiritual. La ironía es que el «nuevo politeísmo», como es denominado, todavía es visto como una realidad arquetípica de la psique o alguna clase de fenómeno del mundo espiritual. La crítica cultural que tiene por objeto el culto a una divinidad trascendente no parece haber alcanzado la crítica de los excesos producidos por el cultivo de lo natural.

Visto en el contexto de una historia general de las religiones, el mito de la creación de Japón es más bien típico –y en este sentido, es cercano a la clase de mito al cual se oponía el relato del Génesis. Se cree que los dioses y los humanos proceden de la misma substancia, como podemos leer en las primeras líneas del *Nihongi*, nacen de una masa caótica común. El caminar por la tierra es estar en contacto no sólo con nuestros ancestros sino con los dioses. Pese a contar con mitos sobre la creación igualmente sofisticados y culturalmente importantes, en Japón, la teoría de la evolución no ocasionó una conmoción religiosa comparable a la del Occidente cristiano.

Y esto se explica por una razón, la distinción entre la verdad literal y la verdad simbólica nunca se ha desarrollado en las culturas orientales, de modo que la desmitologización nunca ha sido una amenaza para la creencia religiosa. Pero igualmente importante es que la relación especial entre lo divino y lo humano nunca pareció requerir la trascendencia del mundo natural.

Esto no significa que no haya un equivalente a la «muerte de Dios» en la conciencia japonesa moderna. La hay, y desde el punto de vista del mundo natural, es un momento histórico más relevante que el de su contrapartida en Occidente. Puesto que los *kami* (dioses) de Japón se han convertido en nada más que ornamentos de la nostalgia moderna, sus poderes son conducidos por las fuerzas económicas que mueven la vida moderna y determinan su valor. Si no se oye hablar de la muerte de los *kami* en Japón, es porque no están muriendo por ataques sino por negligencia, una forma de asesinato demasiado civilizada como para ser consciente de los propios hechos.

Para interpretar qué tiene que decir Japón de su propia espiritualidad, podría pensarse –y hay muchos que piensan precisamente esto– que nos hallamos aquí ante una sociedad moderna a la que podría aplicarse la declaración del antiguo filósofo griego Tales: «Todas las cosas están llenas de dioses». En realidad, los dioses del Japón antiguo continúan cayendo víctimas, uno por uno, del mismo sentimentalismo que disimula la superficie de las contribuciones en curso del Japón a la devastación del mundo natural.

En mi casa tengo una espléndida mesa de madera de roble. Tocarla es saber que alberga un *kami*. Pero el escritorio de fórmica con el que trabajo cada día está completamente desprovisto de dioses. Nadie pensaría dos veces que podría existir un *kami* en los vasos de plástico que salen de las máquinas de venta automática de la esquina, pero tampoco nadie dejaría de reconocer los *kami* en el *chawan* que tengo en un estante. Eliminar las irregularidades de la naturaleza y las huellas de la artesanía humana de los artefactos puede haber contribuido al control de calidad de las mercancías producidas en masa, pero eso también ha cortado el vínculo entre nosotros y los dioses que nos deja con ello mucho peor.

El tamaño de la población a la que tiene que servir la civilización moderna parece minimizar esas pérdidas o, al menos tomarlas como inevitables, pero es más que una cuestión de adaptarse a los escritorios de fórmica y vasos de plástico. Hemos aceptado la desfiguración permanente de la naturaleza causada por la voracidad de productos manufacturados como una cuestión de hecho. El patrón es siempre y ocasionalmente el mismo. Se nivela un pequeño bosque a ras de suelo y se vierte cemento para hacer una nueva carretera que descongestionará el tráfico, o más bien transferirá el punto focal de la congestión a otra parcela de naturaleza todavía intacta. El hecho es entonces coronado ceremoniosamente, plantando una nueva fila de árboles a lo largo de ambos lados de la carretera como tributo al «medio ambiente natural». Pero estos árboles no reemplazan a los que han sido talados. No son más que otra parte del sistema del tráfico, desnaturalizados y sin su dios, cada uno como una lápida al *kami* que ha abandonado su espíritu, con tal que la civilización pueda vivir mejor.

El exilio sistemático de los *kami* de la naturaleza ha dejado su propio vacío espiritual, que (quizá por el hecho de que pasa completamente desapercibido) ha tendido a llenarse con ideas de lo divino importadas de otras partes del mundo desarrollado. La sentimentalización de una naturaleza de la que se ha abusado no está desvinculada de las modas actuales de la religiosidad japonesa en la que el mundo espiritual, la psicología del inconsciente, la búsqueda de la información acerca de las vidas pasadas, las experiencias fuera de la vida y fuera del cuerpo, entre otras, se han trasladado de la periferia al centro.

Cualquier beneficio personal que pueda adquirir el individuo como resultado de todo esto, en un plano cultural más amplio no es sino otra sanción del exilio de los *kami* de la naturaleza, que demuestra sin embargo, otra vez, la pobreza y la ingenuidad del ideal de la era Meiji de «alma japonesa, conocimientos occidentales». Por esto no veo otro camino de salvación que el que se niega resueltamente a ver el pasado a través de las lentes del sentido común de hoy y busca, en vez de eso, mirar el presente de nuevo, como si fuera por primera vez, con los ojos del pasado.

III

Por más alto que pueda volar el halcón para dejar sin aliento a su presa y retenerla entre sus garras, no puede volar sobre sí mismo. Al final, debe volver a tierra para anidar, como nosotros. Concluyo mis consideraciones hoy, por tanto, con tres simples y serias, y también, en cierto modo, irónicas propuestas.

Primero, propongo que la Federación Japonesa de las Organizaciones Económicas (*Keidanren*) establezca un premio comparable al Premio Nobel de la Paz en reconocimiento a las contribuciones más destacadas en la causa de la ecología. El premio podría llevar el nombre de Bashō, el poeta de *haiku* mundialmente reconocido, que fue el primero en comprender que el medio ambiente primordial era de la naturaleza, no nuestro. La razón de proponer a la *Keidanren* que patrocine el premio es que este grupo parece ser el que representa mejor los poderes económicos actuales que producen en el presente el 24% de la maquinaria pesada del mundo y el 26% de los automóviles. Puesto que los mitos de la autoidentidad de Japón parecen compartir la creencia de que la moral innata está basada más en la «vergüenza» que en el «pecado-y-culpa» de las culturas occidentales, es difícil pensar un método mejor que se adecue a una serie formidable de armas contra el mundo de la naturaleza que llevar a esos guerreros a avergonzarse con un acto de virtud.

Segundo, en la línea de los planes de descentralización del gobierno de Tokio, y como parte de las celebraciones que acompañan a la transferencia de los territorios norteños de Rusia a Japón, propongo que el Ministerio de Educación sea trasladado a las islas inmediatamente después de su devolución. El traslado contribuiría a la liberación del Ministerio de su estado de dominación por los modos de pensamiento que victimizan el mundo de la naturaleza que ha figurado de forma tan significativa en la educación de la juventud de la nación.

Vivir en una ciudad donde el valor intrínseco de un arbusto o de un árbol está oscurecido por el valor del mercado de la tierra en que está ubicado, donde puede estar confinado de por vida en un espacio cerrado, en el que puede permanecer por meses, incluso años, sin ver un amanecer o una puesta de sol, difícilmente resulta un ambiente saludable desde el que dictaminar cómo deben ser instruidos los niños sobre los fundamentos de la civilización, los misterios de la naturaleza y la dignidad de la vida, sobre la literatura y la música y las artes. La supervivencia del mundo natural depende demasiado radicalmente de la generación que ahora está en la escuela como para arriesgar algo menos que una reforma burocrática.

Tercero, como residentes en una de las economías más ricas del mundo, dejemos a aquellos que pueden, buscar activamente una cultura más elevada basada en el redescubrimiento de la vida sencilla y una renuncia deliberada de los patrones de consumo en boga. La renuncia al lujo que tengo en mente aquí es el exacto opuesto del ascetismo según se entiende habitualmente el término. Espero volver sobre esta cuestión más adelante, pero a lo que me refiero viene a ser que el alcance que imponen los ascetismos actuales a quienes viven en países desarrollados –incluso si la imposición les parece a los países más pobres sinónima del desarrollo al que aspiran– es un precio demasiado alto a pagar por el progreso. Todos sabemos qué es quedar atrapados por algún producto o servicio que la sociedad moderna anuncia como algo necesario pero que realmente acaba defraudándonos con el tiempo, la libertad de elección, o incluso la salud para la mente y el cuerpo. Si uno puede servirse de esa experiencia para repensar los gastos y excedentes de la vida cotidiana, ciertamente, el ambiente humano ha de parecer muy distinto: más transparente, menos exigente, pero tal vez también el mayor enemigo del mundo de la naturaleza que podría haberse imaginado.

Cuando todo ha sido dicho y hecho, el cambio de corazón necesario, la resolución de resistir a las presiones gigantescas para el desarrollo ilimitado del medio ambiente, reclama lo mismo que la naturaleza en sí –los animales y las plantas, la tierra y el agua y el aire– se ha reunido en coro para gritarnos: *¡Dejad que la naturaleza sea naturaleza!* Vamos a tener que aprender a escuchar.

Salud católica

En el verano de 1997, se celebró la primera de una serie de conferencias, por iniciativa del Dr. H. Tristram Engelhardt del Baylor College of Medicine, para discutir la estructura de las directrices católicas en la administración de los cuidados intensivos hospitalarios. Dado que en los Estados Unidos el tratamiento intensivo supone cerca del veinte por ciento del coste total de los servicios de un hospital y que existen unos buenos patrones para determinar la posibilidad de supervivencia de un paciente como resultado de su cura intensiva, el proyecto parecía tener una base sólida formada por hechos sobre los que discutir las cuestiones morales implicadas en la tarea de proporcionar esos cuidados tanto a ricos como a pobres.

A pesar de que los cuidados intensivos representan una carga especial en los presupuestos de la sanidad de los «países desarrollados», se consideraba que los temas morales básicos eran los mismos y que, por tanto, podía llegarse a un consenso sobre los principios comunes.

El siguiente ensayo es un intento de poner en tela de juicio lo que, en mi opinión, eran algunas de las suposiciones latentes sobre la salud, la asistencia sanitaria y la naturaleza de los principios morales. Después de la primera ronda de discusiones, me sentí animado a examinar más detalladamente algunas de las ideas expresadas de forma imprecisa en las páginas que siguen. Las reproduzco aquí sólo como estímulo para dirigir una segunda mirada a las certezas sobre los términos en los que estamos acostumbrados a decidir qué es una idea moralmente aceptable de salud y qué no lo es.

Originalmente publicado, junto a otras ponencias del proyecto, en T. Engelhardt y M. Cherry (eds.), *Allocating Scarce Medical Resources: Roman Catholic Perspectives*, Washington, D.C., Georgetown University Press, 2002, pp. 297-309.

Me gustaría ofrecer aquí algunos argumentos a favor de un ajuste de la perspectiva católica sobre la asistencia médica tecnológicamente intensiva. El contexto inmediato de estos comentarios es el esfuerzo en curso para producir un conjunto de directrices morales, basadas en principios católicos, para gobernar una distribución proporcional de instalaciones de tratamiento de estados críticos limitadas a un excedente de pacientes. Me gustaría dar un paso atrás desde las complejidades implícitas en esta cuestión para considerar qué significa para el catolicismo poner el peso de su tradición y su presencia institucional tras esas directrices. En particular, querría sugerir que una audiencia primaria para la orientación moral católica en asuntos de salud ha sido eclipsada por la excesiva atención a los problemas generados por la profesión médica. No me hago ilusiones sobre la irrelevancia de estos comentarios con relación a cómo está estructurada la cuestión. Sin duda, para muchos de quienes se dedican a la administración de las unidades de cuidados intensivos, la *skepsis* de estas páginas sonará vacía y fuera del alcance de las realidades de un tratamiento de salud. Pido únicamente que escuchen entre líneas los ecos tenues del creciente coro de voces que buscan otra clase de orientación en general y consideren si este clamor es realmente una preocupación tan secundaria para la reflexión católica moral como sus intereses profesionales les llevan a creer.

LOS MITOS MÉDICOS EN CUESTIÓN

La unidad de cuidados intensivos (UCI) es más que un conjunto de equipamientos y técnicas diseñado para desempeñar una variedad específica de tareas para una determinada clase de pacientes. Es una metáfora de una cantidad más amplia de creencias sobre el lugar de la ciencia y de la tecnología de la salud. Independientemente de a quién estén conectados los cables y los tubos en un momento dado, todo el kit está permanentemente conectado a una amplia red de ideas. Cualquiera que sea la tasa de la eficacia de los instrumentos y las técnicas de la unidad, el mero hecho de estar funcionando implica destinar recursos de fuera de la propia UCI que podrían ser utilizados de otra forma. Y estas decisiones a su vez recaen en un conjunto de suposiciones y decisiones relativas a qué cosas son más valiosas que otras.

Para quienes se dedican a proporcionar un tratamiento intensivo con alta tecnología, la UCI es un indicador del estado de la ciencia médica como un todo. Sea cual sea, lo que sucede entre sus paredes atestigua el nivel de progreso que ha sido alcanzado y justifica más gasto para el que todavía no ha sido alcanzado. Este simbolismo es bastante real y su significado apenas se escapa a quien se dedica a las mejoras de las curas intensivas. Pero este significado simbólico está envuelto en un credo más amplio, quizá menos claramente articulado, pero no menos firmemente cumplido. Es este credo el que define las fronteras de las preocupaciones morales. En una palabra, la UCI se instala, usa y mantiene sobre la base de la creencia *extra ecclesiam nulla salus*: «No hay salud fuera del sistema». Aunque no es una creencia a ciegas, tampoco carece de puntos ciegos.

Para cualquiera con experiencia de primera mano, ya sea al dar o recibir un tratamiento para una enfermedad de gravedad, es claro que renunciar a los especialistas y los mecanismos que reúne la UCI significa la muerte segura para el enfermo terminal para cuya salvación han sido diseñadas estas unidades. Por este motivo, el hecho de tener más pacientes que unidades se convierte en un problema moral. ¿A quién debemos salvar y a quién dejar morir? Y ¿sobre qué fundamentos? Mientras esas unidades continuen en la vanguardia de las ciencias de la curación, habrá siempre una desproporción entre equipamientos y pacientes. Pero cuanto más se centra la cuestión de la moral en el uso apropiado o inapropiado de las instalaciones disponibles, más fuerte crece la convicción de que en el mejor de los mundos posibles todos tendrían un igual acceso a ese tipo de tratamiento. La contradicción es más fácil de aceptar que la posibilidad de que la UCI pudiera basarse en un credo indigno de esa creencia. Así, por tanto, los pacientes y los asistentes que creen que la salud real sólo es salud si ha sido certificada por la profesión médica establecida, deben aceptar la idea de que la presencia de la validación científica se suma al valor de las cosas e incluso su ausencia las devalúa. La UCI es una metáfora de un mito más amplio.

«No dejéis que nadie sea engañado», escribe Orígenes hacia la mitad del siglo III. «Fuera de esta casa nadie está a salvo». En asuntos teológicos, las palabras se han convertido por *consensus fidelium* en un estorbo para la tradición católica, pero en asuntos relacionados con la medicina institucionalizada tienen todo menos la fuerza de un dogma infalible. La cura fuera del sistema es real sólo por analogía; la historia de la medicina y la diversidad de las prácticas médicas tradicionales son valoradas como una especie de protoevangelio. El problema con este credo, así como con sus paralelos soteriológicos, no es que su propósito intente ser tan comprehensivo como posible. Tampoco servirá de mucho, ni a la ciencia ni a la religión, controlar la determinación de enseñar su verdad a todas las naciones. El problema es, más bien, que no sabe cómo ver su propia fe salvo como certeza y cómo ver otros tipos de fe salvo como herejía. Ni a la ciencia ni a la religión les sirve esta especie de dogmatismo.

Si la UCI es, de hecho, una metáfora cuya significación depende de un conjunto más amplio de creencias como telón de fondo, un trasfondo diferente implica también un giro en el significado del primer plano. Por ridículo que pueda parecer a quienes ven la medicina de cuidados intensivos como lo mejor que tiene que ofrecer la civilización a los seres humanos que se enfrentan a la muerte segura, el hecho es que sólo una minoría del mundo suscribe el credo en que se basa. No es sólo una reflexión sobre la demografía de la tecnología que alivia a la mayoría de la población mundial con alguna oportunidad sobre el asunto. Hay una creciente evidencia de que incluso quienes tienen a mano los equipamientos y métodos de práctica médica más modernos están atravesando una crisis de fe.

En 1997, por primera vez los gastos en terapias alternativas en los Estados Unidos excedieron el pago de los servicios de asistencia básica y el número de consultas a los proveedores de medicina alternativa superó a las consultas a médicos regulares. De acuerdo con una investigación publicada en las páginas de *The Journal of the American Medical Association,* «extrapolaciones sobre la población de los EUA sugieren un aumento del 43,7% del total de consultas a practicantes de medicina alternativa, de 427 millones en 1990 para 629 millones en 1997».[1] Las terapias que presentan un aumento más marcado incluyen las hierbas medicinlaes, los masajes, los complejos vitamínicos, los grupos de autoayuda, los remedios populares, las curas mediante energía y la homeopatía. Cada vez más las compañías de seguros están de acuerdo en cubrir esos gastos y el conocimiento de la medicina alternativa aumenta entre la generación más joven de médicos,[2] la cual sólo podrá debilitar más el monopolio de la medicina alopática. Evidentemente, el mito de la medicina científica que constituye el trasfondo de la medicina de cuidados intesivos puede que no ejerza tanto poder en la imaginación popular como da por sentado la institución médica.

Confiar en los poderes de curación de los médicos ha sido considerado desde hace mucho tiempo como un ingrediente clave para curar una dolencia. Aunque la confianza en la oración y la fe religiosa (que puede todavía ser, como Rustom Roy sugiere, «la píldora única más poderosa de la farmacopea mundial»)[3] tiende a retroceder en la

1. D. M. EISENBERG et al, «Trends in Alternative Medicine Use in the United States, 1990–1997», en *The Journal of the American Medical Association* 280, 1998, pp. 1569–1575.

2. Según M. S. WETZEL et al, «Courses Involving Complementary and Alternative Medicine at US Medical Schools», en *The Journal of the American Medical Association* 280, 1998, pp. 784–787, la mayor parte de las escuelas médicas de los Estados Unidos ahora ofrecen cursos de medicina alternativa.

3. Rustom ROY, «Whole Person Healing». Discurso de apertura

clínica moderna, es rápidamente substituida por la confianza en la experiencia médica. A pesar de los sofisticados métodos a disposición de los médicos de hoy día y de la vasta cantidad de datos compilados para situar esos métodos en una base sólida de hechos objetivos y verificables, la fe en los poderes curativos de la profesión médica actual se halla lejos de ser absoluta. Y no hay razón para sospechar que un mejor equipamiento, mejores medicaciones, mejores técnicas quirúrgicas y cada vez más investigación devolverán esa fe absoluta. Como en el caso de toda ciencia práctica, siempre habrá fracturas en el método a través del cual la superstición y las ideas no científicas pueden filtrarse en una confianza en la profesión médica que, de otro modo, se mantendría sólida; como con toda institución humana, siempre habrá motivos políticos y económicos para distraer a sus funcionarios de los objetivos más elevados y del pleno potencial de su profesión. Pero raramente esa falta de confianza en la institución alcanza el corazón de la creencia en la ciencia médica como guardián de la salud en una sociedad civilizada y avanzada. Tampoco afecta a las normas para el uso adecuado del equipamiento y la asignación adecuada de los recursos. Es más frecuente que estén absorbidos por la preocupación de preservar la integridad de la profesión y depurarla de cualquier cosa que pueda comprometer la confianza fundamental del paciente en el sistema.

La tendencia a buscar una medicina alternativa en países tecnológicamente avanzados, y la confianza continuada en la medicina tradicional en las culturas tecnoló-

---

del Tercer Congreso Yōkō de Civilización Occidental, Takayama, Japón, 18 de agosto de 1999.

gicamente menos desarrolladas, no deben ser entendidas simplemente como una respuesta errónea de las personas desilusionadas e ignorantes. Más que una mera pérdida de fe, da testimonio, al menos en parte, de un tipo de fe diferente. Esta fe piensa en términos de una totalidad mayor que la suma de las partes del cuerpo; no se avergüenza de hablar de fuerzas desconocidas e incontrolables para la razón; valora sentir afinidades con las plantas y animales del mundo natural más altamente que la taxonomía o la manipulación genética. Ve las propias conquistas, que la fe en la ciencia presenta como metáforas de la salud verdadera, como metáforas de la infección espiritual. Puesto que el discurso de esa fe es más próximo a los lenguajes arcaicos de la religión y la filosofía que al idioma contemporáneo de la ciencia, es fácilmente clasificada como un remanente de una disposición precientífica que está destinada a ser reformada por la evidencia en su contra de la que se hace acopio en las academias y que finalmente se filtra en las masas. Lo que parece estar aconteciendo es, en cambio, que la evidencia a su favor está comenzando a infiltrarse en la propia institución médica.

El espectro de creencias delimitado por la medicina alopática por un lado, y la medicina holista por otro, parece estar más densamente poblado en el medio que en los extremos. A pesar del creciente interés en las medicinas alternativas, es una caricatura pensar en términos de migraciones masivas del racionalismo a una conciencia espiritual, o de la ciencia a la magia. Para la mayoría de personas que viven dentro del alcance de la medicina tecnológicamente avanzada, es más bien una cuestión de dejarse llevar por la corriente que mantiene una distancia calculada de los médicos y hospitales y de la medicación habitual, para ver qué hay más allá de esto. Para esas personas, el simbolismo de la UCI es tan ambivalente como su fe en la ciencia. Todo eso, insisto, no puede ser una cuestión de indiferencia a la reflexión moral católica sobre la salud.

UNA BRÚJULA MORAL CATÓLICA

Las cuestiones éticas que ocupan a los moralistas católicos son problemas reales que requieren una cuidadosa atención. Estoy sugiriendo que hay más cuestiones que, de ser ignoradas, prejuzgan la perspectiva católica de un modo moralmente inaceptable. Sugiero además que el fracaso en ampliar el campo de visión para incluir esas otras cuestiones sólo puede debilitar la ya seriamente debilitada autoridad de la tradición católica. De nada serviría reducir el centro de las preocupaciones morales del catolicismo para excluir las cuestiones planteadas por la medicina científica y tecnológicamente intensiva, especialmente en respuesta a las quejas acerca de que la profesión médica puede administrar ciertas áreas de la salud por cuenta propia, sin la interferencia moralizante de los no especialistas. El problema es, más bien, determinar dónde señala el norte la brújula moral católica.

Introducir la crítica de la medicina actual y la viabilidad de las medicinas alternativas en la perspectiva moral católica no significa establecer una elección entre las contradicciones, sino tan sólo asegurar que una elección no esté condicionada por suposiciones tácitas que van en contra de la tradición católica. La principal de tales suposiciones es la idea de que el avance en general de la ciencia y de la tecnología como tal marca un estadio irreversible de la civilización humana destinado a limpiar el espíritu humano de su anticuada adicción a la superstición y la magia.

De acuerdo con esto, el papel de la reflexión moral católica es dirigir el uso de las herramientas de la ciencia y la tecnología así como sus superestructuras institucionales en beneficio de la humanidad y a fin de resistir a los abusos que ofenden la dignidad fundamental de la persona humana. La diseminación de herramientas e instituciones desde el núcleo de las naciones desarrolladas hacia las masas de los pueblos subdesarrollados por todo el planeta es vista, por tanto, como un hecho necesario e irrevocable de la historia. Pertenecer al presente significa aceptar ese hecho; pertenecer a él como cristiano supone buscar una significación espiritual para una cultura global emergente. Los esfuerzos de las espiritualidades y las culturas indígenas por subsistir fuera de lo que se tiene por la esencia propia del ser humano –o al menos reservarse el derecho a participar en el proceso según su propio ritmo y de acuerdo con sus propios valores– son tildados de afrenta al sentido común y de desvío deliberado de la realidad.

En un discurso reciente, el cardenal Josef Ratzinger verbalizó esas opiniones en un ataque explícito contra la influencia de las espiritualidades alternativas en lo que denomina la «cultura cristiana universal», una afluencia acrítica de ideas primitivas que corren el riesgo de infectar los logros de la cultura tecnológica global con «magia» y «crueldad»:

> No se trata sólo de que la convergencia de la humanidad hacia una comunidad única con una vida y un destino comunes sea algo que no podemos detener porque la inclinación se funda en la esencia del hombre, sino también porque la difusión de la civilización tecnológica es *irrevocable*...

> Sin embargo, ya que la tecnología, como ciencia natural, parece ser neutra, la pregunta surge por sí sola: ¿Por qué no aceptar los logros de la época moderna mientras, al mismo tiempo, mantenemos las religiones indígenas? Con todo, esta noción aparentemente tan iluminada no funciona. Pues, en realidad, la civilización moderna... altera la interpretación del mundo en su base. Cambia modelos y comportamientos. El cosmos religioso se ve *necesariamente* desplazado por ella... La división de la herencia de Occidente en algo útil que se acepta, y lo extranjero, que se rechaza, no conduce a la salvación de las culturas antiguas.[4]

En cuanto a los textos sagrados de las grandes religiones de Asia (el discurso fue pronunciado en Hong Kong), los acoge como fuentes serias en la batalla contra los elementos materialistas de la tecnología occidental pero no como posible fundamentación de unas alternativas culturales serias. Así, no sólo el cristianismo sino los logros de la cultura cristiana occidental perdurarán permanentemente como un préstamo a los 200 millones de cristianos de Asia, aun habiendo sobrevivido sus propias culturas antiguas a su utilidad para dirigir el progreso inexorable de la globalización.

Afortunadamente para el catolicismo, aunque quizá lamentablemente para sus líderes actuales, las palabras del Cardenal Prefecto de la Congregación para la Doctrina de la Fe desobedecen el consenso creciente entre los teólogos de todo el mundo sobre el papel de la cultura occidental en el cristianismo no occidental. Las cito aquí porque articulan la perspectiva dentro de la cual la reflexión moral católica sobre la ciencia médica tiende a moverse cuando surgen cuestiones como la asignación de las instalaciones de la UCI para enfermos terminales.

---

4. Josef RATZINGER, «Christ, Faith, and the Challenge of Cultures», en *Origins* 24, 1995, pp. 683–684. Las cursivas son añadidas.

Una vez ampliamos nuestra visión para tomar en consideración la manera en que gran parte del mundo cura a sus enfermos y la amplia gama de significados espirituales que acompañan a la enfermedad y la muerte, la salud y la cura, no es en modo alguno evidente por sí mismo que las cuestiones que envuelven la UCI requieran directrices universales en principio válidas para todos los sistemas de salud, y mucho menos que la Iglesia católica occidental, en colaboración con la institución médica occidental, esté en condiciones de proporcionarlas. La idea de resolver problemas locales con normas globales es, en cada uno de sus aspectos, tan culturalmente específica como la cultura de la medicina de alta tecnología que genera en primer lugar esos problemas. El salto hacia la relevancia universal esconde su incapacidad para preguntarse si una cultura de la salud –y una relativamente reciente– debería permitir, incluso en un número limitado de casos, la redefinición para toda la humanidad de lo que significa resistir la enfermedad y tener una buena muerte. El efecto secundario de la medicación tecnológica científica alcanza a todas partes del cuerpo que tiene por objeto reparar, más allá de todas las profesiones médicas y farmacéuticas que administran la reparación. Es una suerte de cultura artificial producida en un ambiente controlado, inmunizado contra las amenazas de la homeostasis y liberado en el mercado abierto para el consumo universal. Para la reflexión moral católica, el servir a la diseminación de esta cultura, incluso donde no parece funcionar según su diseño, sin mantener, al mismo tiempo, a la vista sus amplios efectos colaterales no es otra cosa que una traición a su herencia.

No basta con que la moral católica se haga pasar por una representante de la cultura mundial. Debe proclamarse además como una voz colectiva de la rica variedad de culturas vernáculas que están siendo barridas por mareas históricas y no por decisión propia. La presencia distintivamente católica en la creación de líneas directrices para problemas como el cuidado crítico de alto nivel debería consistir en la insistencia en no permitir justificar una predisposición latente hostil a la salud de masas de personas que viven fuera de la esfera de las recientes conquistas científicas. En algún momento, eso significará resituar el peso de la tradición y de sus recursos a fin de proteger e impulsar modelos alternativos de la «persona sana» y las vocaciones médicas. A diferencia de la ciencia médica y de la ética médica que sirve a sus intereses, el catolicismo romano no puede, sin arriesgar la pérdida de su alma, eximirse a sí mismo de tales cuestiones por el simple motivo de que no hay base financiera para apoyar alternativas, que las culturas más «primitivas» del mundo tendrán que sucumbir a las más «avanzadas», o que los líderes de los países más «pobres» del mundo están listos para devorar tanta tecnología de los países «ricos» como puedan. No puede ver las cosas de modo tan simple y ser fiel a la pluralidad de condiciones en que su fe vive alrededor del mundo. Sería mejor si la Iglesia fuera criticada por estar fuera del alcance de quien está ganando el choque de civilizaciones que ser acusada, como lo ha sido en más de una ocasión, de fracasar en hablar por aquellos cuyas voces están siendo ahogadas por la distribución actual del poder y la riqueza.

Puede objetarse que la autoridad moral de la Iglesia católica se verá debilitada en la medida en que se alinee con las críticas de las instituciones básicas del mundo moderno e impulse alternativas. Parece más certero decir que su autoridad ya se está debilitando por *no* estar haciendo lo suficiente respecto a eso. Llegó la hora, al parecer, de preguntar hasta qué punto la autoridad de los moralistas católicos romanos para aleccionar puede esperar llegar con su mensaje moral a una mayoría substancial de sus propios creyentes, cuanto más del público en general. También es momento de descanonizar formalmente la doctrina de que no hay salvación para la Iglesia fuera de las culturas de las economías dominantes del mundo.

No hay duda de que ciertas cuestiones morales de hoy, por su naturaleza, anulan las diferencias culturales, como la realidad del armamento nuclear o la destrucción industrial del medio ambiente. Pero cuando se trata de problemas relacionados con la enfermedad y la salud, la Iglesia católica no puede descartar alternativas viables a los modelos dominantes de la medicina y, al mismo tiempo, retener la autoridad de su enseñanza hacia quienes siguen esas alternativas. Reajustar la perspectiva católica sobre tratamientos médicos tecnológicamente intensivos requiere una idea del catolicismo diferente de la uniformidad global y una visión de la muerte y del sufrimiento más amplia que el compromiso incondicional para aliviarlo. En ambos aspectos, la tradición católica tiende más bien a encontrar estímulos en las espiritualidades originarias y seculares que en la ciencia y la industria.

LO ILÓGICO DE LAS DIRECTRICES UNIVERSALES

El intento de formular normas para gobernar la operación de las UCI en los hospitales del mundo sirve para poner de relieve el problema de fundamentar una moral católica en principios universales que trasciendan las culturas y las instituciones. Tanto lógica como existencialmente hay razones para dudar de ello.

Respecto a la lógica de las directrices universales, un defecto básico ya ha sido mencionado: la abstracción de la superestructura de las creencias y las instituciones que generan la cuestión moral a mano, y los efectos colaterales de esa abstracción sobre las culturas y los individuos que no comparten esas creencias e instituciones. Evidentemente, la aplicabilidad universal de las conclusiones éticas se vería seriamente comprometida si pareciese que la propia formulación de la cuestión excluye datos morales relevantes del cuadro. En el caso de la argumentación moral católica tradicional, esa reducción del campo moral se ve apoyada por la apelación a la «ley natural», que en principio excluye de las cuestiones vinculadas a la preocupación última la posibilidad de relatividad histórica. Pero cuando se trata de la aplicación de los principios morales universales en el uso del equipamiento médico tecnológicamente intensivo, el salto sobre el tiempo y el espacio y la cultura a un orden objetivo de la verdad y la moral es más que un acto de fe filosófica, imbuida de principios o de otra cosa. Es un medio para controlar la producción de aquellos valores que apoyan una «globalización» de las ideas particulares sobre la enfermedad y los cuidados de la salud. Ésta no es una cuestión moral aislada, a decidir sobre otras bases. Es una parte de la UCI tan esencial como el equipamiento, los técnicos y el análisis del coste-beneficio de los procedimientos.

En sus ensayos filosóficos, Alfred North Whitehead gustaba de reprochar al racionalismo occidental lo que denominaba la «falacia de la concritud desplazada».[5]

---

5. Alfred North WHITEHEAD, *Science and the Modern World*, Nueva York, Macmillan, 1925, pp. 52–56.

Con esto se refería a la tendencia a atribuir una realidad concreta a lo que de hecho son abstracciones mentales. Platón cayó en esto cuando olvidó la abstracción de la pura forma y adscribió el ser a las ideas; Aristóteles, cuando olvidó la abstracción de la simple individualidad y argumentó a favor de una substancia primera; la ciencia del siglo XVII, cuando asumió como datos concretos las dos abstracciones de la mente observadora y la materia observada. Por lo general, la filosofía occidental ha aceptado la crítica de Whitehead como algo obvio (también ha sido así en las filosofías budistas de Oriente antes de que surgiera en la cabeza de Platón su primera idea filosófica), pero las falacias con tan noble y largo pedigrí han encontrado un modo de perdurar. La idea de una moral objetiva pertenece a la ley natural cognoscible en principio, y aun sin ninguna obligación teorética de cometer la falacia, frecuentemente lo hace.

Los principios morales universales son abstracciones de la cultura y, como tales, siempre requieren referirse a los valores relativos y objetivos de una cultura para concretarse. Su universalidad es siempre mediada, nunca directa. Pensar de otro modo es imponer en la naturaleza algo que ha sido sustraído de la cultura. Podemos llamar a este escamoteo lógico «la falacia de la universalidad desplazada». Con esto me refiero a la tendencia de atribuir una validez universal a lo que son, de hecho, valores culturalmente específicos. Al hacerlo, los *intereses* de las declaraciones particulares sobre una moral universal se convierten en *leyes* de la naturaleza, y lo que parecería un anacronismo para la filosofía de la ciencia viene tragado sin ser cuestionado por la ética.

La historia del colonialismo nos ofrece una amplia evidencia de cómo los principios universales –en particular, cuando se ven reforzados por una doctrina religiosa y un equipamiento técnicamente superior– pueden ser evocados para desorganizar una cultura local y substituirla por otra. Pero incluso en la época poscolonial, más dilucidada, de finales del siglo XX, la falacia pervive en formas más sutiles, aunque no menos potentes.

A primera vista, parece que hay poco que objetar al establecimiento de normas generales para asegurar la justicia distributiva en los cuidados médicos críticos. Por un lado, tenemos la dignidad básica de la vida humana; por otro, individuos de todo tipo y forma, pero todos iguales en su humanidad. El martillo y el yunque, éstas son, según parece, herramientas suficientes para forjar valores morales al servicio de la comunidad humana. El único problema es que los seres humanos concretos no existen como ejemplos particulares de una ecuación general, y la vida humana no puede ser hallada en ninguna parte entre lo fortuito de los ítems que forman el mundo. Lo particular y lo universal son mediados en todos los lugares por la especificidad de la sociedad humana, que no puede ser abstraída sin perder la concritud de aquello sobre lo cual se está moralizando.

Sin lo específico, la relación del individuo con la comunidad es cuestión meramente de decidir el marco de la comunidad relevante a la que se debe responder. Ciertamente, el alcance de la comunidad cuyos intereses deben ser tenidos en cuenta cuando se toman decisiones sobre los medicamentos apropiados no es irrelevante; es crucial. Pero esto no agota el significado de lo específico. En ese esquema, las comunidades –sean la familia inmediata, la nación, la comunidad local o toda la comunidad de naciones– son agregados de personas. El valor de la cultura que da forma a las comunidades y a los individuos es clasificado por debajo del valor de la humanidad universal y por debajo del valor de la persona individual. Como resultado, no sólo el ambiente cultural que moldea las formas particulares del racionalismo y la expresión filosófica queda fuera del cuadro, sino también el valor de proteger la pluriformidad cultural en la diseminación de los valores morales católicos.

En las cuestiones relacionadas con los cuidados médicos, hablar de la dignidad de la persona humana *independiente* de la cultura me parece caer en un error metodológico de base. Plantear asuntos individuales y enseguida llevar las ideas fundamentales de la dignidad humana y la sacralidad de la vida a la superficie a fin de encubrir a esos individuos con los valores morales «católicos» es hacer que una idea fundamental desempeñe una tarea que no puede desempeñar –o, por lo menos, no puede hacerlo sin caer en el racionalismo en el peor sentido del término. No es que los valores religiosos no tengan nada que ver con la dignidad humana universal, ni que la ciencia médica no tenga que ver con la anatomía humana universal. Pero identificar valores como católicos por su aplicabilidad universal es poner las cosas del revés. Si algo es calificado como católico, no puede ser simplemente en virtud de un juicio universal sobre una realidad particular. Requiere la inclusión de la categoría ignorada filosóficamente de lo específico que necesariamente media en la relación entre lo universal y lo particular.[6]

---

6. Uno de los argumentos filosóficos más sofisticados, que se encuentran en el lenguaje y las fuentes de la filosofía occidental, sobre la desatención a lo específico aparece en las obras del filósofo japonés TANABE Hajime. Su idea es que la especificidad llevada a

Lo antedicho, me parece, puede ser extrapolado de la falacia lógica que desplaza lo universal. Pero el reconocimiento de la falacia que funciona en el ámbito de la fe y la moral, así como la determinación de corregirla, no vienen estimulados ni asegurados por contemplar las reglas de la lógica. Esos son esfuerzos de la percepción retrospectiva ejercida en el intento de apropiar intuiciones existenciales más inmediatas. Si hay razones para recelar de la universalidad verdadera atribuida a las directrices morales que gobiernan el acceso equitativo a la tecnología médica sofisticada, también hay razones para cuestionar la idea de que los fundamentos de esas directrices fueron deducidos de la fe o la razón. En la medida en que son consecuencia de una opción moral, deben ser vistos como paráfrasis interpretativas de la fe y la razón basadas en la conciencia de que se está ejerciendo algún tipo de violencia.

Apelar a principios como la dignidad de lo humano, el valor de la vida o el derecho a una buena muerte no

---

cabo por la cultura media entre la humanidad universal y la persona individual, proporcionando no sólo los valores y los parámetros de la razón, sino también la fundamentación del pensamiento etnocéntrico y la irracionalidad que alimenta el aislacionismo y el colonialismo del mismo modo. He subrayado esto en distintos ensayos: «Tanabe's Logic of the Specific and the Spirit of Nationalism», James W. Heisig y John C. Maraldo (eds.), *Rude Awakenings: Zen, the Kyoto School, and the Question of Nationalism*, Honolulu: University of Hawai'i Press, 1995, pp. 255–288; y «Tanabe's Logic of the Specific and the Critique of the Global Village», en *The Eastern Buddhist* 28/2, 1995, pp. 198–224.

son, por tanto, los *fundamentos* de la conciencia, sino una *expresión* de la conciencia. El propósito de esta expresión es alterar ciertos hábitos del pensamiento y la acción mientras se mantiene la continuidad con los otros. El significado de esos principios generales –en tanto que formulados por filosofías no sectarias o en idiomas teológicos y de escrituras de una tradición religiosa en particular– reside en ampliar críticamente nuestra perspectiva a cuestiones morales vivas, inmediatas, para evitar que sean expropiadas por las instituciones sociales convencionales. Su primera reivindicación de autoridad sobre la conciencia práctica no es una función de su procedencia de la fe o la razón, ni de cualquier verdad trascendente innata en la formulación, sino del nivel de percepción de la violencia particular contra la que se dirigen.[7]

La percepción de la violencia que conlleva el pensamiento católico de hoy día en los problemas de los cuidados médicos no está restringida al tratamiento del individuo. Incluye las consecuencias sociales de las instituciones que proporcionan el tratamiento. Mientras que la imaginación de quienes dependen del acceso a la tecnología médica más reciente parece haberse resignado, en general, a las demarcaciones institucionales que definen la actividad y la práctica de la medicina moderna y proporcionan un marco para tratar con temas particulares, hay algo en la visión católica que, en las mismas circunstancias, se siente confinado e incómodo. Los inten-

---

7. Al respecto, véase, Carlos Eduardo Maldonado, *Human Rights, Solidarity, and Subsidiarity: Essays toward a Social Ontology*, Washington, D.C., Council for Research in Values and Philosophy, 1997, pp. 9–28.

tos de trabajar en las instituciones médicas existentes para tratar de frenar sus excesos y protegerlas de la injusticia y la opresión, pese a todo el entusiasmo que con esos intentos se hagan, deja, sin embargo, un residuo de insatisfacción. No estoy hablando de las acusaciones de la inadecuación, incompetencia o ineficacia que quienes están en la ciencia puntera usan muchas veces para minar el temperamento entusiasta de sus críticos menos informados. Me refiero a algo en la línea de un sentimiento de inquietud por aquellos desórdenes estructurales que han quedado excluidos del cuadro. En verdad, la sospecha de un desorden estructural es una preocupación distintamente contemporánea que la ética religiosa ha heredado de la crítica social secular, pero su lugar en la autocomprensión católica ha sido asegurado por una generación de reflexión teológica. Sin embargo, todavía está comprometido en un tira y afloja con los elementos de la tradición que insisten en aislar la salud y la salvación del individuo de la realidad de la violencia social.

La fidelidad a la civilización tecnológica es una petición de principio del pluralismo cultural, puesto que asume una forma cultural global, uniforme y básica pedalea en tándem con las herramientas de la sociedad occidental moderna y su visión del cosmos. Bajo tal suposición, la actividad de la religión organizada consiste en asegurar que todo lo incluido en el lote –las herramientas y las formas culturales en que se hallan incorporadas– no infrinja los derechos humanos básicos y aumente la calidad de vida. La propia identificación de la civilización tecnológica con su forma occidental introduce una dimensión colonial en cualquier moral católica que se apoye en cuestiones serias. Los logros de la medicina moderna no justifican por sí solos la forma institucional y cultural en que esas herramientas han sido introducidas. Tampoco contradicen la posibilidad de que los objetivos de la medicina puedan ser alcanzados también si se atienen a formas de civilización radicalmente distintas con historias diferentes de las de Europa y los Estados Unidos.

El mero desmantelamiento de las estructuras ofensivas y la simple transferencia de herramientas de la medicina moderna a manos de sociedades que no participaron de su invención y desarrollo son ingenuos. Incluso si la transferencia tuviera éxito, lo tendría, posiblemente, sólo importando nuevamente las estructuras de una forma más sutil. Al mismo tiempo, la esperanza de despertar la conciencia moral sobre la totalidad de la estructura en todos aquellos en los que se apoya la estructura para su existencia no es realista. Hablando cuantitativamente, muchos de nuestros pecados, como muchas de nuestras virtudes, adoptan la forma de un cliché. Muchas de las cortesías comunes de la vida cotidiana, que hacen agradable las relaciones humanas, así como muchos prejuicios que nos mantienen a distancia unos de otros, son el resultado inconsciente de la fuerza de la costumbre. Por importantes que sean la conciencia de pecado o la virtud cultivada deliberadamente, no pueden competir con el poder del mal estructural. Pero ver las instituciones como nada más que males necesarios, condenados a caer un día presos de su propia naturaleza más oscura, es una caricatura de la propia cultura. Deben ser vistas como experimentos de la creencia en nuestros ideales, en la bondad última de nuestra humanidad, experimentos que sólo pueden ser corregidos radicalmente a través del encuentro con *otros* experimentos. Sin negar la realidad de los temas que implican los cuidados críticos en la vanguardia de la ciencia médica actual, no parece justo excluir los modelos alternativos o presumir que todos ellos abrazarán las mismas cuestiones con el mismo sentido de «urgencia» que envuelve a la salud dominante.

Nuevamente, no es cuestión de pedirle a la Iglesia que se despoje de la civilización occidental. Más bien, en tanto que la Iglesia está decidida a participar en la producción de las directrices morales que guíen la civilización tecnológica de Occidente, hay que dejar que participe igualmente en apoyar formas alternativas para manejar la tecnología. El desequilibrio de los recursos destinados a las primeras representa la negación de la última. En tales circunstancias, cada paso dado para «catolicizar» la salud acaba volviendo católica una cultura de la salud que para numerosas familias humanas todavía es parroquial y ajena.

Ahora bien, por mucha confianza que tengamos en las instituciones que son los pilares de la sociedad contemporánea, nuestra comprensión de la manera en que transforman nuestra percepción del mundo es escasa en comparación con nuestra comprensión de cómo manejarlas en casa y exportarlas al extranjero. Evidentemente hemos quedado atrapados en un dilema. Por un lado, vemos alarmados lo que han hecho las transformaciones de las escuelas, los hospitales, la agricultura, los mercados financieros, el transporte de masas, e incluso la religión organizada a los valores tradicionales en las sociedades donde el progreso ha sido más pronunciado. Por otro, nuestra dependencia de esas instituciones evita que entorpezcamos su continua expansión.

Aun peor, el daño que una sociedad particular puede sufrir a manos de un desarrollo descontrolado de sus instituciones centrales es multiplicado y acelerado –no calculado y equilibrado– siempre que la diversidad cultural de las sociedades de todo el mundo sirva sumisamente a los mecanismos de un mundo interconectado globalmente. Igual que los medios para el intercambio de información que desfilan en una variedad ilimitada por la superficie al mismo tiempo que canonizan una uniformidad estructural debajo de la superficie, la internacionalización de las instituciones a las que confiamos las principales dimensiones de nuestras vidas avanza constantemente alejándose del apoyo a las culturas que dichas instituciones deberían defender y realzar. La pluralidad de culturas no puede sobrevivir en la forma de culturas desconectadas unas de otras y, sin embargo, sus conexiones parecen empujarlas a una uniformidad que menosprecia el significado del pluralismo.

Como sucede en el caso de una mayor concentración de poder, un mayor acopio de información y de perfección de la técnica no es garantía de que una institución no promoverá la frustración de su propósito original. En este sentido, la escasez en la percepción de ideas alternativas de salud –no sólo las formas alternativas de la medicina o las formas alternativas de tratamientos organizados, sino también las ideas alternativas sobre qué entendemos por estar sanos y cuáles son los límites para resistir al sufrimiento y la muerte– parece darse en proporción inversa a la riqueza del conocimiento sobre los últimos avances de la ciencia médica. Desde los especialistas decretados por la industria de la salud a los funcionarios que la administran a sus pacientes que dependen de ella, el baremo del bienestar físico es asumido simplemente como algo tan transcultural y universal como la tabla periódica de los elementos. En el curso de nuestra vida, las ideas tradicionales de la salud surgidas en todo el mundo han sido redefinidas como una enfermedad cuya cura está en manos de quienes, con conocimientos y equipamientos, son tan superiores que parece una locura resistirse a ellos. La evidencia de que la calidad de la vida humana ha mejorado como resultado de ello, incluso allí donde el modelo dominante de salud tiene unas raíces más fuertes, es poco convincente.

Los datos reunidos en las dos décadas pasadas sobre las enfermedades iatrogénicas –enfermedades contraídas a través de los propios servicios llevados a cabo para curarlas– parecen haber tenido, en alguna medida, un efecto ponderador en las industrias de la salud. Con todo, la idea de que la «salud» en sí puede ser una molestia iatrogénica específica de ciertas sociedades e infligida en otras es casi impensable. Los cuidados médicos modernos forman parte de tal manera del «paquete» de la vida moderna que no pueden ser aislados como un constructo colonial particular que las culturas económicamente atrasadas son libres de aceptar o rechazar. El tratamiento intensivo, el transplante de órganos y otros tipos de cirugía de alto nivel ya no son vistos como ítems de lujo sino como un derecho legítimo para todas las personas en todas partes del mundo. Pese a las complejidades implicadas en proporcionar tales cuidados y la superestructura económica necesaria para mantener el equipamiento y el personal, dicho tratamiento acabó siendo visto como un recurso básico de toda cultura humana. Junto a la comida, la ropa, la vivienda, la educación y el trabajo, se ha vuelto un elemento más del orden del día moralista partidario de la justicia distributiva.

No puede negarse el dilema moral de quienes tienen al alcance el mejor equipamiento que la ciencia médica puede ofrecer y han de decidir dónde aplicar y dónde suspender su aplicación. Tampoco cabe duda de que esas decisiones requieren normas y directrices cuidadosamente reflexionadas. No obstante, otra cosa es permitir que tales ejemplos impidan la pregunta acerca de si el dilema y su resolución ética, junto con toda la cultura médica de la que son específicos, deben ser simplemente aceptados como el destino inevitable de todas las personas en todos los lugares. El vigilar la moral de una civilización en la que los pobres no pueden contar con la misma asistencia médica que los ricos, y en la que la financiación de la salud ha hecho imposible los mejores cuidados de la salud si uno no dedica una parte considerable de los propios ingresos para estar tranquilo frente a las duras realidades de los costes hospitalarios, es ya bastante trabajo sin tener que preocuparse además de la cuestión aún más básica de si la meta de proporcionar a todos y en todas partes el mismo alto nivel de cuidados es una meta que valga la pena.

En una palabra, los pensamientos de cierta parte de la comunidad humana sobre la salud y la longevidad se han convertido en la forma en la cual todos piensan la salud; y la rica pluralidad de creencias, rituales y al mismo tiempo supersticiones que rodean la enfermedad y la muerte, han perdido su poder ante el mito imperante de los tratamientos de salud modernos. Como todos los imperios, es una especificidad enmascarada de universal. Y como todo mito, se infiltra tanto en el sentido común que es virtualmente transparente en los sondeos de opinión y las tomas de decisiones habituales. En asuntos de consecuencias más graves, la distinción entre lo que es nativo y lo que es importado se vuelve irrelevante. Una de las más ricas fuentes de diversidad humana –las prácticas y las actitudes que rodean la enfermedad y la muerte han sido sacrificadas en función de una campaña mundial de uniformidad relativa a qué significa estar bien y qué significa morir.[8]

El propio hecho de insistir en la inclusión de modelos «alternativos» en las cuidades de salud en el campo de las discusiones sobre ética médica implica cierto grado de anarquía cultural (en el sentido de romper con los *archaí* o los principios dominantes). La conciencia de la amenaza de la violencia estructural llevada a cabo por la profesión médica requiere que se haga esto. De todas las grandes tradiciones religiosas del mundo de hoy, tal vez ninguna esté tan bien preparada, tan alerta misioneramente y sea tan autorreflexiva como la Iglesia católica como para comprometer el peso de su tradición para satisfacer esta demanda.

CONCLUSIONES

No sólo aquellos que continuan identificándose con una u otra forma de religión organizada, sino también la mayoría de quienes dirigen esas organizaciones e intentan retener a sus fieles, confían cada vez más en la sensibilidad moral de los que se mantienen al margen de la religión. El hecho es que los mayores entusiasmos morales del momento –a favor de la preservación del mundo natural, la erradicación de la esclavitud, la libertad de pensamiento y de expresión, la protección de las minorías frente a la mayoría democrática– no fueron inspi-

8. Véase Prem Chandram John, «The Millennial Migraine: Health Care and the Poor in the 21st Century», Nagoya University, Graduate School of International Development.

rados principalmente por las religiones organizadas, ni dependen de ellas para mantener su vitalidad. Por el contrario, tan sólo penetrando en este entusiasmo la religión organizada puede mantener alguna autoridad moral ante el mundo contemporáneo. No veo la retirada de la Iglesia católica de la construcción del orden mundial, universal, global, como una sumisión a la creciente marea negra del paganismo secular, sino como una llamada a purgar la tradición católica de sus vestigios colonialistas y a reorientar los considerables recursos de la Iglesia en la dirección de la preservación del pluralismo cultural y de modelos alternativos de orden social. En el contexto de la reflexión moral sobre la salud y la medicación, el punto de vista católico vería así las instituciones convencionales, por muy fuertes o débiles que parezcan ser en un escenario determinado, más como iglesias locales que como filiales locales de una multinacional eclesiástica. La diferencia no es trivial. En el primer caso, la cuestión es siempre cómo luchar para descubrir qué es lo mejor de la cultura vernácula y, al mismo tiempo, lograr abrir su conciencia al mundo fuera de ella; en el segundo, la cuestión es más bien cómo mantener la uniformidad de los modos esenciales de pensamiento y comportamiento mientras permita una cierta variación en cuestiones accidentales.

Antes de comprometerse en la formulación de directrices universales para el acceso a los cuidados intensivos, los moralistas católicos deben, al menos, tomar en consideración dos hechos interrelacionados. Primero, los sistemas de tratamiento de la salud en la mayor parte del mundo probablemente van a adoptar un código de principios universales que gobierne la aplicación de los cuidados críticos sólo si lo perciben como una de las condiciones para recibir la tecnología médica de última generación o tener permitido el acceso cuando surja la necesidad. Una vez tengan la tecnología firmemente bajo control, la autoridad de los principios se agotará. Segundo, la perspectiva verdaderamente católica sobre la salud siempre abre un horizonte más amplio que los complejos médicos de Europa y de los Estados Unidos; estos últimos no representan más que una opinión minoritaria. Como católicos, no podemos simplemente elaborar principios basados en una forma cultural y después pedir a otros que se adapten a nuestras propias condiciones. Esto es lo que quiero decir al alegar que la imaginación ética está confinada en una perspectiva que priva la tradición católica de su contribución más plena.

A todos los niveles –los principios universales, la estructura institucional y la espiritualidad individual– la imaginación moral católica necesita una especie de reembolso cultural de los avances de la industria médica. Es una industria que conlleva para la medicación del paciente individual la autoridad del conocimiento, las instalaciones y la organización que tiene bajo su mando. Como tal, es una clase de nueva Iglesia universal cuyos valores se justifican por la eficacia estadística de la cura de las enfermedades. Permitir a la industria plantear las cuestiones en sus propios términos en vez de derribarlos radicalmente a la luz de las tradiciones religiosas, no sólo es una actitud no-católica, es irreligiosa. Así es cómo entiendo la presente convocatoria para entrar a discutir el problema de la asignación de los cuidados en los casos críticos a la luz de la creencia católica.

Recuperar los sentidos

contra una época de ascetismos

Cuando Iván Illich nos visitó en el Instituto Nanzan en 1986, se habló de invitar a un grupo de personas para discutir los modos en que el cuerpo ha sido fragmentado y los sentidos expropiados por parte de las instituciones de la sociedad moderna. En esa época, Wilfred Cantwell Smith se hospedaba con nosotros y nuestras discusiones se centraban en su trabajo sobre «El Cantar de los Cantares» y el modo en que su lectura a través de la historia del cristianismo cristalizó actitudes radicalmente diferentes hacia el papel del cuerpo.

Aunque el seminario proyectado nunca se llegó a realizar, ante tal posibilidad, quise ahondar en otra tradición escriturística, la de los gnósticos, en busca de un vínculo entre la devaluación de los sentidos que se sigue de una visión del mundo manifiestamente religiosa y la que resulta de una manifiestamente irreligiosa. Cuanto más me acercaba a los textos, más me distanciaba de la opinión comúnmente aceptada sobre una determinada concepción del gnosticismo contraria al cuerpo y de las conexiones que esperaba establecer.

Algunos años después, en 1993, se me pidió que preparase un trabajo para el encuentro anual de la Sociedad Japonesa de Estudios Budistas-Cristianos en Kioto. Como complemento a las presentaciones budistas sobre las teorías Yogācāra de la percepción y la intuición, abordé el papel de la experiencia religiosa de volver a despertar los sentidos. Para las religiones que trabajan en el diálogo, como el budismo y el cristianismo, despertar de la rutina de los «ascetismos» de la civilización industrializada y trabajar juntas para la rehabilitación de los sentidos me ofreció una medida a considerar en el transcurso de la transformación mutua. Como se trataba de un foro común en el que el budismo y el cristianismo podrían encontrarse para examinar la cuestión, me basé en el Evangelio de Tomás. Me parecía entonces, y todavía así me lo parece, que hay muchos puntos en el gnosticismo que pueden unir los dos caminos religiosos. Mientras que la investigación histórica sobre la influencia de las ideas budistas en el pensamiento gnóstico todavía es muy incompleta, los textos ofrecen una forma de parafrasear cierto número de temas centrales para el encuentro interreligioso actual, entre ellas, el peculiar rechazo al cuerpo que las religiones clásicas han asumido desde la civilización industrializada.

Las páginas que siguen constituyen un intento de parafrasear una cuestión contemporánea en el contexto de un comentario a unos pasajes clave del evangelio gnóstico. En un futuro próximo, espero escribir un largo comentario sobre el texto completo.

Originalmente publicado como「五感の快復—時代の禁欲主義に抗して」en『慈悲・身体・智慧』[Compasión, cuerpo, sabiduría], ed., Sophia University Institute for Oriental Religions, Tokio, Shunjūsha, 1994, pp. 71–108. La traducción inglesa ha aparecido en *Journal of Ecumenical Studies* 33/2, 1996, pp. 216–237.

Hay una antigua historia budista sobre un hombre al que intentan dar caza un par de elefantes enfurecidos. Temiendo por su vida, se sube a un pozo y se agarra a una enredadera que crece por la pared, justo por encima del alcance de las bestias que le persiguen. Advierte dos ratones, uno blanco y otro negro, que roen la enredadera. Mientras tanto, cuatro serpientes venenosas comienzan a subir por la pared en dirección a él y tres fieras, dragones que echan fuego por la boca, yacen amenazadoramente en el fondo del pozo. Cuando el hombre levanta la mirada, nota por casualidad unas gotas de miel pegadas a la enredadera. Se detiene para saborear su dulzura y en ese instante se libera de todos sus temores.[1]

---

1. La versión que estoy utilizando aquí apareció en el siglo XIX en *Fan i ming i chi* 翻譯名義集 (T.54.1140C), que la cita como procedente de *Ta fang teng ta chi ching* 大方等大集經 (T.13), una traducción voluminosa del *Mahāsamnipāta sūtra* compilada a finales del siglo VI. (Con todo, una búsqueda extensiva de la supuesta fuente no reveló la historia.) El texto es intercalado con un comentario atribuido a la tradición Tiantai.

Otra versión anotada más antigua aparece en *Pin t'ou lu t'u lo she wei yu t'o yen wang shuo fa ching* 賓頭盧突羅闍爲優陀延王說法經 (T.32.787A), donde acaba de forma pesimista, con un enjambre de

El hecho de que a la vida le sigue la muerte, de que nacemos presos del tiempo y que un día –contra nuestros deseos más profundos– debemos renunciar a ella, pertenece a las intuiciones fundamentales de la religión. Lo que distingue una orientación religiosa de otra es una estructura interpretativa de los símbolos, las ideas y las prácticas delineadas sobre esa sabiduría pesimista a fin de transformarla en una afirmación de la vida. En la parábola apenas citada, el contexto budista es esclarecido por un comentario interpolado: los dos elefantes son la rueda

---

abejas que sale de la colmena de la que ha goteado la miel para atacar al hombre. No obstante, la versión que he citado aparece con un comentario similar y termina en otro texto del siglo VI, un comentario San-lun sobre el *Vimalakīrtinirdeśa-sūtra* por Chi-ts'ang 吉藏 (維摩經義疏, T.38.934C). De particular importancia es el hecho de que el pasaje comentado es el himno acerca del cuerpo, en que el enfermo y débil Vimalakīrti enseña que el cuerpo con todos sus placeres, a fin de cuentas, es desagradable, y aconseja a sus oyentes dirigir su atención al cuerpo espiritual del Buda. En el curso de sus comentarios, se refiere al cuerpo como un «pozo viejo», de ahí la conexión con la parábola.

Lamotte observa un uso similar de esta parábola por parte de Kumārajīva en un comentario de finales del siglo IV, atribuido a uno de sus discípulos, sobre el mismo pasaje (T.1775.342B). Étienne LAMOTTE, *The Teaching of Vimalakīrti*, trad. por S. Boin, Londres, Pali Text Society, 1976, p. 37, nota d. Como en la versión de Chi-t'sang, las gotas de miel aplacan los temores del fugitivo al satisfacer sus sentidos, lo que sugiere la autenticidad de la versión.

En una conocida versión inglesa del cuento, identificada falsamente como procedente de una recopilación japonesa del siglo XIII, conocida como *Shasekishū* 沙石集, el hombre, perseguido por un tigre, se agarra a una enredadera en el filo de un precipicio y come una fresa silvestre. No he conseguido localizar esta versión en ningún lugar, pero el cuento es antiguo, probablemente pre-budista, y no es inverosímil que tal versión exista. Véase Paul REPS, *Zen Flesh, Zen Bones*, Garden City, Nueva York, Doubleday, s.f., p. 122.

del *saṃsāra,* del nacimiento y la muerte. El pozo es la impermanencia de nuestro estado humano. El ratón negro y el blanco son la luz de la luna y del sol que roen la vida (la enredadera) desde el alba hasta el crepúsculo, día tras día. Las serpientes venenosas representan los cuatro elementos (tierra, fuego, agua y aire) de los cuales todas las cosas están hechas y que trabajan incesantemente para deshacerlas. Los tres dragones son los tres venenos de la codicia, la cólera y la locura. Juntos representan una amenaza total y abarcadora que cesa por una simple satisfacción de los sentidos (el sabor de la miel).[2]

En *Mi confesión*, Tolstoi cita substancialmente la misma versión que uso aquí para contar sus embates con una desesperación que ni la sabiduría de Oriente ni de Occidente podrían dominar. William James recuerda el pasaje para mostrar la profundidad de la desesperación en la que Tolstoi se veía sumido, pero también apunta más tarde que fue precisamente al saborear los placeres cotidianos de la vida cuando encontró alivio para su desesperación: «Tolstoi era de esa clase de hombres que son como robles primitivos para quienes las superficialidades y falsedades, las codicias, las complicaciones y las crueldades de nuestra civilización educada son profundamente insatisfactorias, y para quienes *las verdades eternas residen en cosas más naturales y animales…* Y aunque no muchos de nosotros podamos imitar a Tolstoi, al no tener quizá suficiente médula humana aborigen en nuestros huesos, la mayoría de nosotros podemos, por lo menos, sentir, que si pudiéramos sería mejor para nosotros». William James, *Varieties of Religious Experience*, Nueva York, Modern Library, 1902, pp. 151, 183, énfasis añadido.

2. A pesar de que las imágenes son demasiado antiguas para que estas interpretaciones sean uniformes tanto en el budismo o en sus fuentes pre-budistas, la imagen de ser perseguido en un viejo pozo aparece en otros lugares, como una alegoría del aprisionamiento de los sentidos. Por ejemplo, el *Ta ch'eng p'u sa ts'ang cheng fa ching* 大乘菩薩 藏正法經 (T.11.840b–c) emplea esta imagen y compara la persecución de la vejez, la enfermedad, la muerte y el sufrimiento con los dos ratones y las cuatro serpientes.

Lo atractivo de esta imagen del hombre saboreando unas gotas de miel cuando su vida está cerca de su fin parece residir en su consejo implícito de que nosotros, en la plenitud de la vida, nos «desasimos» de nuestro apego a las ideas ordinarias acerca de la vida y muerte, nos rendimos enteramente al momento. El placer de la miel significa la liberación de la tarea de dar un sentido racional a las cosas de la vida, pero su significación no se detiene ahí. Parece anunciar una liberación de la preocupación por la liberación. Mientras el fugitivo esté absorto en el sabor de la miel, estará libre de la cuestión de su propia salvación y, al mismo tiempo, estará salvado tanto como pueda estarlo cualquier ser viviente. La prueba de la salvación no estriba en la intuición, sino en la absorción de una simple plenitud de los sentidos –en este caso una satisfacción– que rompe con la obsesión de la intuición.

Esa idea de la salvación a través de una «salvación de la salvación», aunque no siempre sea el centro inmediato del pensamiento y la práctica budistas, me parece que alcanza el fondo más profundo de la experiencia religiosa donde las raíces del budismo y el cristianismo están entrelazadas indistintamente. Me gustaría proponer que esta verdad simple pero radical se convierta en la cuestión de la recuperación de los sentidos de la expropiación por parte de los ascetismos a los cuales nos vemos obligados por la época en que vivimos.

La idea de que la intuición y la experiencia religiosa deberían cambiar no sólo el modo en que el ojo interior ve las cosas de la vida, y la vida de la virtud que esta intuición informa, sino también el modo en que el cuerpo siente el mundo, reviste una particular importancia para nosotros. Si el alimento tiene el mismo sabor, si las fragancias tienen el mismo aroma, si las superficies tienen el mismo tacto que tenían antes, entonces los valores salvíficos de la intuición y de la virtud son sospechosos.

Del mismo modo que la consistencia con la tradición recibida es tomada como una medida de la verdad religiosa, o sea la *ortodoxia,* la encarnación de la tradición en las opciones morales de la vida es entendida como una medida de la acción religiosa, u *ortopraxis.* Pero estas dos –pensamiento correcto y acción correcta– son incompletas sin alguna medida de la verdadera liberación de los sentidos, una *ortoestética.*

Hay una historia en los *Jātaka* que ilustra la conexión entre la práctica y la estética en los inicios de la tradición budista.[3] Relata que un cierto rey salió en busca de un bodhisattva para contarle sus faltas a fin de que pudiese reinar con más justicia. El sabio le ofreció un higo maduro. El rey lo comió sorprendido de que el higo fuese tan dulce. El asceta le dijo: «El rey ahora ejerce su gobierno con justicia e igualdad. Y por eso es tan dulce». «En el reino de un rey injusto», preguntó el rey, «¿pierde su dulzura?». «La pierde» replicó el bodhisattva. «En el tiempo de los reyes injustos, el aceite, la miel, la melaza y cosas como estas, así como las raíces y las frutas silvestres perderán su dulzura y sabor. Pero cuando los gobernantes son justos, estas cosas se vuelven dulces y sabrosas». Con esto el rey volvió a casa y, para comprobar el consejo del bodhisattva, empezó a gobernar con injusticia. Descubrió que, en efecto, las frutas sabían amargas, mientras que cuando empezó a gobernar justamente de nuevo, la fruta recuperó su dulzura.

---

3. *Jātaka*, libro 4, nº 334. Buda se identifica a sí mismo con el asceta y Ānanda con el rey.

La recuperación de la dulzura del higo no es una mera metáfora sobre la recuperación de la virtud moral, tampoco la acción moral es una mera metáfora de un estado interior. Ambas son confirmaciones sacramentales de la experiencia religiosa, signos externos de una gracia interior. Si la verdadera justicia es la encarnación de la intuición iluminada, es, por tanto, verdadero sabor. El hombre que se agarra a una enredadera y su disfrute de la dulzura de la miel confirma su despertar tanto como el rey que actúa de una manera moral y honrada.

En el relato del poeta Aśvagoṣa sobre la vida de Buda, el *Buddhacarita,* la secuencia es invertida: recuperar los sentidos de la privación precede a la decisión de llevar una vida de acción compasiva en el mundo. Esto, por su parte, acentúa un contraste interesante entre la resolución del joven príncipe Gautama y lo que acaba descubriendo. Al decidir dejar su casa para llevar una vida sin techo, Gautama toma prestada la espada de su amigo Chandaka, se corta el cabello y lo arroja al lago, y anuncia su intención: «O extinguiré la vejez y la muerte, y entonces tú me volverás a ver en breve, o caeré en la perdición, porque mis fuerzas me habrán fallado y no podré alcanzar mi propósito».

Así, parte hacia el bosque para llevar una vida de tortura autoinfligida, esperando alcanzar su propósito. En cada estadio de su descontento, desde la preocupación de sí en su resolución inicial y su riguroso ascetismo, culminando en la plena iluminación como Buda, la intuición viene acompañada por una reacción de la naturaleza. Sale la luna. Flores de dulce perfume descienden de los cielos. Comienza a amanecer. La tierra tiembla como una mujer embriagada por el vino. La lluvia cae de un cielo sin nubes.

Para entender el propósito del poeta, no basta con ver a Buda como un sabio universal cuyo impacto se extiende por todos los cielos y la tierra. Las reacciones de la naturaleza sugieren que, con el despertar, Gautama finalmente «recobró los sentidos». Sólo entonces decide convertirse en un maestro y «tocar el tambor del Dharma inmortal para un mundo que se ha vuelto oscuro».[4] La salvación no es para mentes descarnadas, anestesiadas, sino para los «seres sentientes» y su salvación ha de incluir la rehabilitación de la sensibilidad perdida. No sin razón, los registros más antiguos de las enseñanzas de Buda no retratan la persona como un mero espíritu desencarnado destinado a la iluminación. El siguiente es un ejemplo típico:

> Estos cuatro son víveres –oh, mis bhikkus– que sustentan a las criaturas que nacen, y benefician a las criaturas que buscan renacer. El primero es alimento comestible, ordinario o fino; el tacto es el segundo; la capacidad pensante de la mente es el tercero; y el cuarto es la conciencia.[5]

El Buda no borró efectivamente la vida y la muerte del contexto de la vida común. La vida continúa, y con ella la muerte y la vejez y la enfermedad. Ninguna cuantía de intuición puede detener la rueda desde este lado de muerte. Si la intuición despierta ve esto y solamente esto, no está todavía «salvada» de la rueda. Seguramente la salvación también significa que las cosas de la vida parecen y saben y huelen y sienten y suenan de forma distinta

---

4. E. H. Johnson, *The Buddhacarita or Acts of the Buddha*, Delhi, Motilal Banarsidass, 1972, pp. 473–478. Conze, *Buddhist Scriptures*, pp. 47–51. La traducción china, *Fo so hsing tsan* 佛所行讚 (T.4), simplifica muchas de estas imágenes o bien las omite.

5. *Saṃyutta-Nikāya*, 12.11.

para aquel que ha percibido profundamente la impermanencia de todas las cosas –no necesariamente más dolorosas o más agradables, sino ciertamente más intensas.

Hay una gran diferencia entre los sentidos que Gautama reprime a fin de abrir los ojos de la mente y los sentidos que son liberados nuevamente, una vez él ha visto. Para el despierto, la luna recobra su brillo y las flores sus fragancias, la lluvia su frescor y la tierra su vitalidad. Sin las gotas de miel, la iluminación no es más que quedar atrapado en un viejo pozo con peligros por todos lados. Si la oscuridad de la ignorancia nubla los sentidos, en la medida en que uno intenta satisfacerlos, la luz del despierto debería reanimar los sentidos y volverlos más atentos a la experiencia. De no ser así, la intuición iluminadora no es más que una inversión de los límites entre lo racional y lo irracional.

I

La tradición mística cristiana no carece de una expresión propia de la recuperación de los sentidos como una especie de «prueba» de la experiencia religiosa. Los «místicos del amor» flamencos del siglo XIII son ricos en ejemplos. A este respecto se sitúan en un marcado contraste con los místicos de Renania para quienes las percepciones de la «visión» proporcionan las metáforas principales sobre la «intuición» mística y dirigen la atención al alma como una chispa seca en el aire del desierto, y a la luz pura de la deidad que nos separa del espacio y el tiempo y la corporeidad.[6] Incluso cuando vemos una

---

6. Esta misma tendencia a tomar la *visión* como representativa

figura como Eckhart resaltando la importancia de supeditar la contemplación a los hechos, el lugar de la transformación religiosa continúa siendo el alma que el ser humano tiene en común con los ángeles, «las más nobles de las criaturas, que son puramente espirituales y no tienen nada de corpóreo».[7] Es distinto en el caso de los místicos flamencos, donde la intuición espiritual y el lenguaje parecen servir a menudo como metáforas de la transfiguración que ha tenido lugar en los ámbitos corpóreos del tacto y el gusto.

Las visiones de una mística del siglo XIII conocida para la historia como Hadewijch son instructivas en este sentido. Hacia finales del siglo XII, se había iniciado un movimiento entre las mujeres pertenecientes a la nobleza o las familias de clase alta. Rechazando la clausura protegida del castillo y también del convento, estas «beguinas», como se las denominaba, practicaron una vida de

---

de todos los sentidos y entonces generalizar sobre su salvación a través de la *intuición* es bastante común en las fuentes budistas. El sūtra mencionado en la nota 2, por ejemplo, se refiere a los sentidos acumulativamente como «visión, etc.» y dice que son mera apariencia o imaginarios como el sueño. A partir de esto, estamos sólo a un paso de decir que todo el cuerpo carece de substancia, como un banano sin tronco (T.II 840A–B). Esta influencia de la metáfora en la teoría es significativa aquí porque la tendencia irreflexiva a identificar la privación de los sentidos con la ceguera de *avidyā* puede prestar apoyo religioso a la anestesia de las masas por los medios de comunicación y de transporte modernos. La atención a esta cuestión sugeriría complementar el «ojo del Buda» familiar con una nariz de Buda, un oído Buda (que, de hecho, aparece en el *Abhidharmakośa*), y así sucesivamente. Véanse las notas 25–26 y el texto que las acompaña.

7. Sermón 40 (Pfeiffer), citado según la traducción de Maurice O'Connell WALSHE, *Meister Eckhart: Sermons and Treatises*, Longmead, Inglaterra, Watkins, 1987, vol. I, p. 283.

sencillez y meditación. Hadewijch pertenecía a una de esas comunidades, aunque sus intentos de integrar los ideales del amor romántico con la experiencia religiosa la llevaron finalmente al exilio.

El poeta Gottfried, cuyo romance medieval *Tristán e Isolda* era el modelo de las sospechas y la excitación que rodeaban el abierto florecimiento de la corte, sugiere que la misma nutrición que el creyente encuentra en el pan de la eucaristía es dada al alma noble a través de la experiencia erótica.[8] Para Hadewijch, no es una cuestión de optar por uno o por otro, sino de alcanzar una «unión con plena posesión» en donde los dos sean uno. La séptima de sus visiones registradas es un claro ejemplo.

Durante la oración, por la mañana temprano, de los maitines del domingo de Pentecostés, se siente embargada por una intensa expectación en la que «mi corazón y mis venas y todos mis miembros temblaban y palpitaban con ávido deseo». Un águila se le aparece y le dice que esté preparada si quiere la unidad. El águila entonces se dirige a Cristo diciendo:

> Ahora muestra tu gran poder de unir tu unicidad en la forma de una unión con plena posesión.

Cristo desciende de la cruz situada encima del altar tres veces ante Hadewijch, quien estaba arrodillada en su sitio de la capilla. La primera vez se le aparece como un niño de tres años que le ofrece el pan y el vino de la comunión. Enseguida, aparece como un hombre crecido, que se entrega primero en la forma de un ritual religioso y después en la plena unión física.

---

8. Gottfried von Strassburg, *Tristan*, Wiesbaden, F. A. Brockhaus, 1978, p. 15, líneas 230–240.

Con eso, vino en la forma y con las ropas de un hombre, tal como fue un día cuando nos dio su cuerpo por primera vez; parecía un ser humano y un hombre, maravilloso y bello, y con un rostro glorioso, vino a mí tan humilde como quien pertenece enteramente al otro. Entonces se entregó a mí en la forma del sacramento, en su forma exterior, como es costumbre; y luego, me dio a beber del cáliz, en forma y sabor, como es costumbre.

Después de esto, vino él mismo a mí, me tomó toda en sus brazos, y me apretó contra sí; y con todos mis miembros le sentí en plena dicha, según el deseo de mi corazón y mi humanidad. Así fui visiblemente satisfecha y plenamente transportada.

A medida que su éxtasis disminuía, las sensaciones volvían una a una, aunque en forma distinta. La alucinación no termina en la efímera «purificación de las puertas de la percepción» de William Blake, sino que da nueva vida a los viejos hábitos.

También entonces, por un lapso de tiempo, tuve fuerzas para cargar con esto; mas después de un rato, perdí de vista aquella belleza varonil en su forma externa. Le vi volverse completamente nada y, luego, de repente, desvanecerse, de modo que ya no pude reconocerle o percibirle fuera de mí y ya no puede distinguirle dentro de mí. Entonces me pareció como si fuésemos uno sin diferencia. Era así: externamente, ver, saborear y sentir, tanto como uno pueda saborear, ver y sentir externamente la recepción del sacramento externo. Así pudo el Amado, con la persona amada, cada uno recibir completamente al otro en plena satisfacción de la visión, la audición y la desaparición de uno en el otro.[9]

La recuperación de los sentidos de Hadewijch en la recepción de la sagrada comunión es un ejemplo llamati-

---

9. Véase *Hadewijch: The Complete Works*, ed. por Madre Columba Hart, Nueva York, Paulist Press, 1980, pp. 280–282. Paul Mommaers, el primero en llamar mi atención sobre estos pasajes, ha escrito un ensayo útil al respecto, «Hadewijch: A Feminist in Conflict», en *Louvain Studies* 13, 1988, pp. 58–81.

vo de cómo la experiencia religiosa puede transformar la experiencia normal de los sentidos. El arrobamiento más allá del yo sensible, de modo que «nada permanece más en mí de mi yo» es tan distante del hedonismo como la conciencia moral. Es como si el flujo natural de la gracia y la intuición en el ejercicio de la compasión o el amor en la sociedad humana fluyera naturalmente para despertar los sentidos mortificados por la rutina y las expectativas convencionales. La recuperación de los sentidos implica que algo genuino ha sido perdido; la recuperación de la experiencia religiosa sugiere además que lo que fue perdido es resultado no sólo de la ignorancia y el pecado sino de la ceguera de la intuición y el amor espiritual a las privaciones del cuerpo.

II

Algunos líderes religiosos y morales, preocupados por la calidad de vida humana, hablan muchas veces, por un lado, de la sociedad de consumo como una bestia colosal con un apetito voraz de productos y servicios y, por otro, de una vergonzosa indiferencia a deshacerse de sus desperdicios. La idea de considerar la sociedad humana como un cuerpo que alimenta la tierra y que compite o coopera con otras sociedades humanas por los recursos disponibles está en circulación desde hace más de cien años. En las postrimerías de nuestro siglo, esa visión de las sociedades humanas como entidades morales responsables una de otra y de las ideas convencionales del mundo natural sería considerada, probablemente, de sentido común.

La afrenta moral perpetrada contra la sociedad de consumo es más fuerte entre aquellos que pertenencen a sociedades que, de hecho, consumen más. Las sociedades tecnológicamente menos consumistas son aplaudidas con más presteza por quienes tienen en exceso lo que necesitan que por quienes necesitan en exceso lo que tienen. En general, aquellos que vienen a pensarse como «subdesarrollados» encuentran los patrones de consumo de los «desarrollados» más atrayentes que las ideas de una pequeña minoría que cuestiona los fundamentos de la distinción entre ricos y pobres. La idea de devolver las «tecnologías apropiadas» de E. F. Schumacher o, la de las «economías de subsistencia» de Iván Illich, han tenido más influencia entre los beneficiarios del desarrollo que entre sus víctimas. En este sentido, la brecha entre las personas que se consideran superconsumistas y aquellas que se consideran subconsumistas se ve fortalecida por las propias ideas que pretenderían su eliminación.

La ironía es tan antigua como la civilización misma: los modos de pensamiento católicos a menudo se limitan radicalmente a la época y al lugar que los delinearon. En el caso de la civilización de finales del siglo xx, la transformación de las intuiciones en arquetipos universales se ve atenuada por una fe tácita en la objetividad de los datos científicos y en la pericia de quienes los compilaron. No hay necesidad de ignorar, por ejemplo, la acumulación de *data* sobre los daños irreparables causados a la biosfera y la atmósfera del planeta Tierra para dirigir una segunda mirada al modo en que funcionan como *capta* de culturas particulares con poderes para usarlos para sus propios planes.

Dicho de otro modo, la metáfora de la sociedad consumista, irresistible como es para los consumidores individuales que quieren libertad para creer otra cosa que aquella en que han sido enseñados a creer, arroja su propia sombra de presuposiciones implícitas. Es en esta sombra que nos gustaría tratar de procurar una salida a la moralización impenitente de quienes «han visto la luz.» En particular, propongo que consideremos el modo en que los hábitos modernos de consumo aúnan a las tradiciones ascéticas de Oriente y de Occidente en una automortificación colectiva que figura entre los excesos más escandalosos de ambas tradiciones. Al desplazar el foco de la voracidad de la bestia corporativa a la privación del ciudadano individual, me parece que hay alguna esperanza de recuperar un nivel mayor de satisfacción sin antes tener que asegurar el derecho a vigilar la conciencia del mundo en nombre de principios universales cultivados bajo la jurisdicción de la técnica científica.

El ascetismo de la vida contemporánea es, en la mejor de las hipótesis, una caricatura de su contrapartida religiosa clásica, y esto por una simple razón: su práctica pasa, por lo general, desapercibida. La intensidad del aislamiento, la mortificación de las apetencias y la frigidez de los sentidos exigidos a quienes escogen vivir en el núcleo del mundo civilizado se mide mejor por el entorpecimiento al que inducen tales cosas que por las aflicciones conscientes. Lejos del ideal de una disciplina sacramental, el ascetismo diario no es más que una sumisión a la rutina, una señal externa de una aridez interna.

Los síntomas de la privación son evidentes por todos lados. La atención a la inmediatez de la conversación, hacer compañía a otra persona por medio del intercambio de palabras y gestos, se deteriora proporcionalmente a la cantidad de palabras pronunciadas e imágenes visuales recibidas a través del tráfico unidireccional de los medios de comunicación de masas. El amor a aprender está acorralado por un amor a ser calificado, donde es reprimido y debilitado por patrones objetivos de certificación que deshonran la educación de los sentidos que caen fuera de su alcance. Aquellos que buscan aprender fuera de esos canales son «descalificados». Se renuncia al gusto por los alimentos frescos y no tratados a favor de lo que es más asequible. Las largas horas pasadas dentro de ambientes interiores bajo las condiciones de la luz artificial y aire acondicionado debilitan la predisposición del cuerpo a ajustarse según el cambio de las estaciones. Las fragancias confeccionadas artificialmente redefinen una gama de olores naturales como desagradable o insana. La maquinaria que ahorra tiempo y extiende la capacidad de los miembros y los órganos del cuerpo amputa lentamente los rudimentos básicos de la gracia y el ritmo del lugar de trabajo y lo redefine como algo propio de los estadios deportivos o los gimnasios.

La identificación del trabajo con las ganancias de los asalariados, quienes han aceptado ser privados de las satisfacciones más básicas del trabajo productivo para proporcionarse a sí mismos y proporcionar a quienes dependen de ellos lo necesario para la vida sustenta esta y otras formas de reificación del cuerpo como objeto de especialización. En efecto, la sumisión al empleo a tiempo completo en estos términos representa una renuncia obligatoria del pleno empleo del trabajador individual. Aun una vez más, como la música y la canción se identifican completamente con el aparato mecánico que las reproduce, el placer de la actuación en directo se convierte en un lujo confiado al cuidado de los profesionales y a ser disfrutado, nuevamente, por quienes pueden permitírselo.

Las mismas privaciones son trasladadas a nuestra capacidad de juzgar la calidad de las cosas y de las personas. Compramos las cosas por las etiquetas que certifican que alguna persona comprobó su calidad o utilidad. No importa lo frecuentemente que seamos engañados, simplemente escogemos otras etiquetas en que confiar hasta que seamos de nuevo defraudados. Los certificados de educación superior representan la misma función, en tanto que deciden sobre la inteligencia o la capacidad de un individuo para realizar un servicio. Aunque pueda habernos fallado, nuestra confianza en los parámetros de medida es casi inmune al desencantamiento. A falta de ser consultados, el sentido común y la experiencia pierden su autoridad.

Al satisfacer nuestros deseos, o intentar sobrevivir a otros, a menudo simplemente los anestesiamos. Cuanto más sobrehumano es el ritmo en que somos transportados por aparatos mecánicos, más productos y servicios acumulamos, tanto más el espíritu se ve arrastrado por una especie de sonambulismo. A esto me refiero al hablar de los ascetismos de la época.

El medio que sostiene esta farsa no se limita a las industrias que se alimentan de ella. Cada vez más personas empiezan a darse cuenta de que también es un estado de la mente –y que está *dentro del alcance de la virtud individual.* La elección contra la privación no tiene que esperar la reforma de las estructuras sociales. Puede promover una simple revolución en la búsqueda de un modo de vida más simple, más asaz, más satisfactorio. Traducido directamente en un comportamiento concreto, tal revolución puede ser mal entendida como si no fuera más que una inversión de una ascesis inconsciente y menos dolorosa a una más consciente y dolorosa. Por eso pienso que es importante enfatizar la recuperación positiva de los sentidos como una medida de alivio de la infelicidad.

Para imaginar, tan claramente como sea posible, una alternativa al presente ejercicio de los sentidos, se necesita en primer lugar despertarse del encanto de la privación –cerrar los ojos, frotarlos bien y abrirlos de nuevo para ver el modo en que las delicias acostumbradas llevan a cabo un ascetismo compulsivo en nuestro deseo innato de felicidad. Es un error pensar desde el principio tales revisiones del mundo cotidiano como un primer paso en la empinada cuesta hacia una conciencia más elevada. Al contrario, es una vía de retorno. El gusto de la inmediatez de la vida cotidiana continúa siendo la medida de la intuición, pero su recuperación es tan ardua y exigente como la rendición al hábito es relajante y autoindulgente. En este sentido, la renuncia al consumo ascético requiere un modelo de disciplina, una imagen de restauración que pueda servir como una especie de «guía imaginaria» a lo largo del camino. Esto, me parece, es un desafío moral que pasa desapercibido y que el cristianismo y el budismo comparten en nuestra época.

III

Al aceptar un asunto tan considerable como la restauración de los sentidos, la demanda de una estructura social alternativa y funcional –pues, al final, nada menos será requerido– ciertamente surgirá. No tengo a mano ese esquema y, en realidad, soy más bien escéptico respecto a la idea de elaborarlo en nuestras condiciones actuales. Me parece ya bastante trabajo intentar ver con la máxima claridad posible adónde nos lleva el curso de los acontecimientos y mantener nuestra difícil situación a la luz de lo que tienen que ofrecer los mejores ideales del pasado para el arte de vivir. Esto es lo que entiendo por el hecho de que una tradición religiosa «mantenga un texto sagrado», que es diferente de reverenciar simplemente un depósito de verdades, transtemporal e invariable. Esos textos no son tanto como una antorcha que nos guía en la oscuridad, sino más bien como el tenue pero invitante resplandor de un hogar alrededor del cual reunir y meditar sobre pensamientos intempestivos.

Una lectura paciente del Evangelio de Tomás, un manuscrito copto-griego del siglo II hallado en 1945 en la antigua biblioteca de Nag Hammadi en Egipto, me ha convencido de que justamente una cualidad sagrada así asoma tras las imágenes difíciles y el idioma extranjero en que se expresa la relación entre la intuición iluminadora y los sentidos. Ya se ha escrito bastante sobre el texto de modo que podemos prescindir de la tarea de entrar en detalles sobre sus orígenes, composición o traducción.[10] La doctrina de los sentidos es otra cosa distinta y requiere una reorientación rigurosa para ser recuperada del texto.

Los comentaristas modernos han encontrado con relativa facilidad nociones familiares del «yo» en el texto convirtiendo los pronombres personales reflexivos en sustantivos. El proceso de convertir el autoconocimiento, la autorrealización y el autodescubrimiento en conocimiento, realización y descubrimiento del Yo es tan natural –y así ha sido para Occidente desde que Fichte dio a la filosofía moderna la noción de *das Ich*– que es casi transparente para el lector de hoy. Y de ahí sólo hay un paso para entender la *gnosis* como dotada de una for-

10. Además de las traducciones incluidas en otras obras citadas en las notas siguientes, he seguido la versión autorizada de la Coptic Gnostic Library, vol. 20, *Nag Hammadi Codex* II, 2–7, ed. por B. Layson, Leiden, Brill, 1989. La numeración sigue aquí el texto copto.

ma primitiva de psicología profunda.[11] Las ricas conexiones con las filosofías orientales, aunque no son fáciles de establecer históricamente, apoyan el esfuerzo. Esto no tendría tanta importancia si no eclipsara, en última instancia, una noción bastante diferente, insisto, del yo que se puede hallar en el Evangelio de Tomás.

El motivo más convincente para el lapso de conciencia en la psicologización del texto es, por supuesto, una influencia obvia del gnosticismo, para el cual cuerpo y alma parecen ser creaciones demiúrgicas que necesitan ser superadas en nombre de una «vida interior» superior. El foco de su ascetismo no era simplemente el cuerpo, sino un estado del ser cuerpo-mente que había que desechar como si fuera una prenda vieja para que pudiese cobrar vida la naturaleza interior original que ocultaba.

Al carecer de una terminología rica de lenguajes orientales, los escritores y traductores griegos tenían que contentarse con substituir usos poco comunes para hablar del centro ultramundano del ser humano. Se referían a la vida natural de la persona como *psíquica* y la sobrenatural como *pneumática* (un uso adoptado

---

11. Véase Elaine PAGELS, *The Gnostic Gospels*, Nueva York, Random House, 1989, cap. 7 y p. 144. R. WINTERHALTER, *The Fifth Gospel*, Nueva York, Harper and Row, 1988, es más arriesgado al descubrir toda una gama de nociones modernas como la de «yo verdadero» en el texto. Al contrario, *Das Thomasevangelium*, de Michael FIEGER, Múnster, Aschendorff, 1991, un largo estudio del texto copto, evita totalmente caer en la psicología moderna, siguiendo el ejemplo del comentario anterior de *The Secret Sayings of Jesus*, de Robert GRANT y David FREEDMAN, Londres, Collins, 1960. De hecho, el pasaje decisivo parece aquí –como en muchos otros casos –haber sido simplemente copiado de GRANT y FREEDMAN (28), incluida la interpretación antigua del oráculo délfico «conócete a ti mismo».

también por San Pablo). Y sin embargo, incluso si se admite con Hans Jonas que «este principio interior trascendente en el hombre y la preocupación suprema por su destino son el propio núcleo de la religión gnóstica», esto no justifica su identificación con una propiedad individual. Del mismo modo que el alma interna de Platón y Agustín representó un paso adelante de la personalidad individual a un «Dios interior», también la noción mandea de «Mana» establece una identidad entre el principio interior y la divinidad.[12] La idea de un individuo arquetípico esperando en la inconsciencia como una semilla a que el sol brillante de la conciencia liberase su poder y transformase la persona en un yo armonioso, unificado, requería una comprensión más moderna del individuo.

Pero lo más importante para el Evangelio de Tomás y lo que tiene que decir sobre los sentidos, es que la «influencia» de las ideas gnósticas del cuerpo y el alma no fue recibida exenta de críticas por parte de los escritores cristianos de los primeros siglos. Como es sabido, de no ser por la resistencia crítica de Ireneo, Hipólito y Epifanio contra las enseñanzas gnósticas, contaríamos con mucha menos información para componernos un retrato claro de cómo era el gnosticismo. Pero esto no justifica la

---

12. Hans Jonas, *The Gnostic Religion*, Boston, Beacon, 1963, pp. 123–124. Para Platón y Agustín, véase el argumento textual completo de Taylor en *Sources of the Self*, Cambridge, Harvard University Press, 1989, caps. 6 y 7. En el caso del Evangelio de Tomás, cabría observar que la versión copta es una traducción, probablemente de la mitad del siglo iv, del original griego, del que sólo se conservan algunos fragmentos, ciertamente no suficientes para sugerir una distinción clara entre los términos clave que tienen que ver con el cuerpo y mente.

suposición de que quienes se vieron más afectados por ello fuesen en la misma medida acríticos con lo que recibían. En principio, los estudiosos admiten que esto sí sucedió.[13] Pero, de hecho, se han presentado pocas evidencias para mostrar cómo y dónde.

La fidelidad a los evangelios canónicos no era una preocupación primordial en este proceso, si bien tampoco lo era la fidelidad a alguna secta gnóstica en particular. Los estudiosos continúan especulando sobre la posibilidad de que el Evangelio de Tomás tuviese acceso a fuentes que datan de antes de los evangelios tal como los conocemos hoy, pero hay cierto acuerdo en que era leído en diversos círculos gnósticos y maniqueos.[14] No sólo la fecha de su composición cercana a la última mitad del siglo II, sino su uso por parte de las comunidades cristianas de la franja oriental de Siria ya nos revela una apropiación selectiva de las fuentes cristianas y gnósticas.

Dejando de lado la cuestión de lo lejos que la indisposición gnóstica en relación con el mundo de los sentidos pueda haber sido paliada por la influencia cristiana, el Evangelio de Tomás es remarcable por haber evitado el contagio. Solamente una desinfección deliberada de la visión gnóstica puede contar con la ausencia de un elemento tan central. En el caso del Evangelio de Tomás, esto se hace con la adopción de las propias metáforas del

---

13. Una exposición detallada de la variedad de explicaciones respecto a la influencia mutua del gnosticismo y el cristianismo y los méritos relativos a cada uno puede encontrarse en H. MONTEFIORE y H. E. W. TURNER, *Thomas and the Evangelists*, Naperville, Alec Allenson, 1962. Para un relato más breve y actualizado, véase E. YAMAUCHI, *Pre-Christian Gnosticism*, Londres, Tyndale, 1973, pp. 89–91.

14. MONTEFIORE y TURNER, *Thomas and the Evangelists*, p. 84.

gnosticismo para el propósito contrario de una teología resurreccional. En otras palabras, tal como las enseñanzas gnósticas invertían el significado de la doctrina cristiana para proporcionar «alimento para los saciados» entre las comunidades cristianas,[15] también el Evangelio de Tomás cambia las tornas al usar las imágenes gnósticas para predicar la liberación de la represión de los sentidos.

No está del todo claro que la influencia del «ascetismo» gnóstico del pensamiento cristiano siempre adoptase la forma de una mera represión de los sentidos. (¿No nos ofrece el Evangelio de Felipe, una obra densamente gnóstica que data de un siglo más tarde que el Evangelio de Tomás, escenas fuertes en que Jesús ofende a los discípulos al besar a María Magdalena en la boca?) El gnosticismo en sí no fue cortado de un único paño respecto al papel de los sentidos, y no hay ninguna evidencia de que los escritores cristianos favorecieran las tendencias gnósticas más espiritualizantes y desencarnadas. El *florilegium* del Evangelio de Tomás, como espero mostrar, no es una excepción.

IV

Desde el principio, el estilo aforístico y subrepticio del Evangelio de Tomás desaprueba la organización racional de sus ideas. Al mismo tiempo, muchos de los dichos, si no la mayoría, están vinculados de acuerdo con

---

15. Véase la «Introducción» de Helmut Koester a la obra *Nag Hammadi Codex*, p. 38; Montefiore y Turner, *Thomas and the Evangelists*, pp. 21–22.

diversos temas principales, reiterados para unificar la totalidad.[16] El tratamiento de los sentidos, aunque sea una parte integral del texto, no es uno de los temas principales; debe ser recogido a lo largo del camino por alguien inclinado a buscarlo. Dejo en manos del lector decidir si la disposición ilumina u obscurece la lectura del Evangelio de Tomás. Entretanto, puesto que recojo mi propia lectura, la economía me obliga a concentrarme en unos pocos pasajes centrales, con frecuencia renunciando a demostrar textualmente sus implicaciones con respecto a los temas principales. Es más, el evangelio en sí no es largo y cualquier cosa –incluso la sospecha de una interpretación errónea– que pueda motivar una lectura de primera mano no habrá sido del todo en vano.

Carne y espíritu

El pasaje que más citan continuamente los estudiosos del cristianismo gnóstico para mostrar la validez del mundo de los sentidos del Evangelio de Tomás reza:

> Jesús dijo: «Si la carne fue hecha por causa del espíritu, es una maravilla. Pero si el espíritu fue hecho por causa de cuerpo, es maravilla de maravillas. En verdad, me sorprende cómo esta gran riqueza hace de esta pobreza su morada». (29)

Leer la expresión «maravilla de maravillas» como ironía con un sentido completamente opuesto requeriría una forma gramatical que el contexto no proporciona, sin mencionar la terrible torsión del significado obvio de la frase

16. Parece no haber ninguna indicación del vínculo mnemotécnico y se ha debatido mucho sobre cuáles son los principales temas de trabajo. Estas son cuestiones, no obstante, que requieren una mayor competencia específica en esta materia de la que puedo aportar al texto.

final. Sin embargo, es eso lo que los comentaristas han hecho, leyéndola con el significado de que el espíritu y la carne son opuestos por causa de un mal necesario del espíritu por el cual este debe hacerse una morada en la carne.[17]

Si, no obstante, admitimos que el autor, o el grupo de autores, era un creyente cristiano que se apropiaba de las intuiciones gnósticas para un propósito cristiano y al mismo tiempo intentaba mejorarlas, no hay motivo para amoldar a la fuerza el pasaje a las peores doctrinas del gnosticismo sobre el cuerpo. Aquí tenemos a Jesús, de quien se nos hace creer, a través del primer tercio del texto, que es un predicador de la gnosis, expresando su sorpresa ante la idea que se desvía de la tradición gnóstica recibida: ¿Y si la carne y el espíritu fueran hechos *por causa uno del otro*? Que la carne débil y moral haya sido creada para albergar al noble espíritu inmortal es bastante maravilla. Pero si sucede que el espíritu ha sido creado para dar vida a la carne –¡eso sería la maravilla de las maravillas!

No parece haber motivo para leer este texto como una ironía. La única ironía consiste en llamar todavía «pobre» a lo que estaba siendo enriquecido palmariamente, una ironía que está enriquecida por los significados opuestos dados a la pobreza en el texto:

---

17. Véase, por ejemplo, PAGELS, *The Gnostic Gospels*, p. 26; GRANT y FREEDMAN, *The Secret Sayings of Jesus*, p. 148; FIEGER, *Das Thomasevangelium*, p. 115; Jacques-É. MÉNARD, *L'Évangile selon Thomas*, Leiden, Brill, 1975, p. 124. De todos los comentarios que he visto, de los cuales sólo una muestra ha sido incluida en estas notas, el de FIEGER se adhiere rígidamente a sus expectativas sobre la desvalorización gnóstica del cuerpo, cuyo efecto es desviar más la fluidez de su comentario y más allá del texto.

como un signo de ser un elegido bendito (54) y como metáfora de la ignorancia (3). La preparación para esta idea ya está presente en los dichos anteriores. Lo más importante de éstos es la idea cristiana del «Jesús viviente» que es anunciada en la primera línea del evangelio según se la reveló él mismo a Tomás, de quien la tradición dice que era el hermano gemelo (Dídimo) de Jesús. El simbolismo implícito del verdadero creyente como un *alter Christus* (un título reservado para el sacerdote en los tiempos que vendrán) es claro.[18] Pero, esta vez, Tomás, que recibe la sabiduría secreta de Jesús (13), era el incrédulo en el Evangelio de Juan, el más gnóstico de los evangelios canónicos y el único en referirse a él como el gemelo, al que Jesús reprendió porque no quedando satisfecho con la creencia espiritual exigía sentir la resurrección con sus propias manos.

Es poco probable que Tomás mismo haya sido el autor del evangelio que lleva su nombre, pero eso no resta importancia al hecho de haber sido escogido como recipiente simbólico de su sabiduría «secreta». De hacer algo, esto nos pone sobre aviso de llevar la imagen del gemelo incrédulo en mente.

---

18. Traducido literalmente, el triple nombre del autor –Dídimo (griego) Judas (hebreo) Tomás (arameo)– significa «el gemelo, ¡loado sea Dios!, el gemelo». El nombre del medio, Judas, funciona como una conjunción para unir los significados convencional y gnóstico de ser un hermano de Jesús. MÉNARD argumenta que es un nombre propio real (*L'Évangile selon Thomas*, p. 76). W. C. VAN UNNIK (*Newly Discovered Gnostic Writings*, Naperville, Ill., Alec Allenson, 1960) conjetura que la repetición del término Dídimo después del nombre arameo Tomás indica que el autor «no conocía la conexión lingüística y tomó ambos términos por nombres personales» (49). Este argumento me parece algo forzado.

Una segunda indicación preparatoria, aunque más indirecta, para una inversión de la postura gnóstica aparece casi inmediatamente después de la primera:

> Jesús dijo: «Dejad que aquel que busca continúe buscando hasta que encuentre. Cuando encuentre, estará perturbado. Cuando esté perturbado, estará atónito y reinará sobre todo». (2)

El consejo familiar de los evangelios sinópticos, «Buscad y encontraréis», parece implicar que, de hecho, se encontrará lo que se estaba buscando. El Evangelio de Juan, que no incluye este dicho, contiene en cambio diversas referencias a que Jesús rechaza lo que los discípulos buscan en él. En el pasaje citado, se dice que lo que se encuentra realmente causa perturbación y espanto a aquel que busca. En el texto, este aspecto es aplicado directamente al encuentro del reino de Dios en el último lugar donde se pensaría buscarlo –dentro de sí– pero el hecho de que aparezca tan pronto en el texto (dicho 3), parece indicar una aplicación mucho más amplia.

Hábitos y su rehabilitación

Un segundo pasaje frecuentemente citado como ejemplo de que los sentidos corporales son subestimados, en realidad, muestra claramente cómo el evangelio da un giro al enfoque del cuerpo a un problema más fundamental. Este giro es importante para una posterior restauración del cuerpo. Jesús es interrogado por sus discípulos, «¿Cuándo te revelarás a nosotros y cuándo te veremos?». Él responde:

> Cuando vosotros os desnudéis sin avergonzaros y toméis vuestras vestiduras y las coloquéis a vuestros pies como los niños y las piséis, entonces [veréis] al hijo del viviente y no tendréis miedo. (37)

La imagen ya aparece en un pasaje anterior en el cual, al responder a la pregunta[19] de cuál de sus discípulos se le asemejaba, Jesús dijo:

> Son como niños que se instalan en un campo que no es suyo. Cuando los propietarios del campo acudan, dirán, «Devolvednos nuestro campo». Ellos se desvestirán en su presencia para devolverle su campo.... (21)

Dadas las numerosas alusiones al vestido como un símbolo de la carne vestida por el espíritu, los comentaristas sostienen que la imagen de despojarse de las ropas y pisarlas es una orden de desencarnar el espíritu a fin de prepararlo para el conocimiento verdadero.[20] Con todo, el vestirse, en el gnosticismo no tiene un significado simbólico uniforme. Por ejemplo, en el «Himno de la perla» (Hechos de Tomás), un joven príncipe que es enviado a Egipto para recuperar un gran tesoro, se despoja de sus túnicas de juventud y se disfraza con ropas inmundas de la tierra extranjera. Cuando vuelve a su casa, con el tesoro en mano, se le entrega su vieja túnica y el vestirla le hace ser entero. Antes meramente se «ajustaba a los contornos» de su persona, ahora le cubre su «yo entero»:

---

19. Quien interroga es llamado María, identificada diversamente por los comentaristas como María Magdalena o Mariham, de quien la secta naasena creía haber recibido una tradición secreta a través de Santiago el Justo. En el dicho 12, Jesús recomienda a Santiago como uno de los discípulos que le deberán suceder después de que él se haya ido.

20. GRANT y FREEDMAN mencionan pasajes en los Padres que identifican esta imagen del desnudarse como procedentes de los naasenos y del Evangelio de los Egipcios (*The Secret Sayings of Jesus*, p. 153). MONTEFIORE y TURNER ven el pisotear como «un desprecio y anulación del sexo» (*Thomas and the Evangelists*, p. 30). Véase también MÉNARD, *L'Évangile selon Thomas*, p. 137.

> Me pareció convertirme de repente en una imagen especular de mí mismo: vi mi yo entero en ella y ella entera vi en mi yo, que eramos dos por separado y, sin embargo, uno en la identidad de nuestras formas.[21]

Es difícil ver aquí que lo que está en cuestión es la mente, dejando simplemente los sentidos a un lado.[22] Por el contrario, la recuperación del tesoro perdido le vuelve a despertar a la «túnica» como una parte inseparable de sí mismo. Como dice el texto, el príncipe ve la túnica «estremecerse toda con todos los movimientos de la gnosis».

Una vez que se ha despojado del vestido no como un fin en sí, sino como un preludio para volverlo a vestir, el significado de los niños que están en el campo como criaturas originarias, «desnudas pero no avergonzadas» (Gn 2, 25), con sus ropas a sus pies, cambia dramáticamente. Las ropas no son meramente el envoltorio deplorable del espíritu, sino los *hábitos* necesarios de la percepción que abre el espíritu a la experiencia y al conocimiento. Conquistar la vergüenza de abandonar las convenciones es dar el primer paso en dirección a

---

21. Citado siguiendo a Jonas, *The Gnostic Religion*, p. 115. Jonas atribuye la túnica de juventud a la idea mandea de «envoltura terrena» en la cual el espíritu se debilita (p. 113, notas 4 y 56); en cuanto al ropaje posterior es una «forma celestial de lo invisible a causa del yo temporalmente oscurecido» (p. 124). Sobre las vestiduras como un *alter ego*, véase pp. 122–123. Para un ejemplo claro de este uso en los textos de Nag Hammadi, véase el Tratado sobre la Resurrección, donde se dice que vestir ropa indica una resurrección del espíritu que «envuelve» la resurrección del alma y de la carne (45: 28).

22. Para el argumento de que cambiar de ropa «tiene que ver con la búsqueda de una descarnación más efectiva», véase Otto Betz y Tim Schramm, *Perlenlied und Thomas Evangelium*, Zúrich, Benzinger, 1985, pp. 48–49.

una *re-habilitación* de la percepción. El consejo inmediatamente precedente de Jesús a sus discípulos de no preocuparse por «qué vestirán» (36) no aconseja salir por ahí sin ropa, sino que aconseja no preocuparse por si las propias ropas se adecúan o no a la convención. Como veremos, la importancia de distanciarse de la convención recorre como una tendencia oculta todo el Evangelio de Tomás.

Romper con las convenciones mundanas

Incluso más que su contrapartida en los evangelios canónicos, el Jesús del Evangelio de Tomás rechaza la confianza en las prácticas ascéticas y religiosas porque la verdadera reforma no reside en las convenciones exteriores sino en una transformación interior (14), y también porque el reino de Dios pertenece al aquí y ahora (51). Se percibe este hecho a través de reconocerse a sí mismo como el hermano del resucitado y, al mismo tiempo, realizarlo en el mundo.

Por un lado, se dice que la transformación interior es un poder que se propaga por sí mismo. Éste es el sentido del dicho de que quien ha «encontrado reinará sobre todo» (2) y es capaz de mover montañas o darles la orden de que se muevan (106). Por otro, es una vocación para disciplinarse y una responsabilidad para con el mundo. Este doble sentido de «realizar la verdad» está presente en la idea de que la gnosis requiere un reconocimiento del mundo. El vínculo es el cuerpo:

> Todo aquel que llega a entender el mundo ha encontrado (sólo) un cadáver, y todo aquel que encuentra un cadáver es superior al mundo. (56)

> Aquel que reconoce el mundo reconoce el cuerpo, pero aquel que encuentra el cuerpo es superior al mundo. (80)

Frente a esto, los dos dichos parecen tener un significado idéntico, que es cómo ha sido interpretado por los comentaristas.[23] Pero esto presume que el «cuerpo» no es al final más que un «cadáver», o en otras palabras, que la única resurrección es una resurrección del espíritu. Parece preferible respetar la distinción que nos ofrece el texto. El término decisivo aquí es *el mundo.*

Para los gnósticos, desde luego, el mundo es la creación de un mal demiurgo, no una emanación del Dios amoroso. Dado que no se asume previamente que el Evangelio de Tomás coincida con esta visión, el texto sugiere que «el mundo» no es nada más que «convenciones mundanas».[24] Al hacerlo, los pasajes recién citados adquieren significados diversos. En el primero, «reconocer el mundo» significa romper con los hábitos convencionales del pensamiento y verlos como nada más que un cadáver sin vida; en el segundo, se dice que este reconocimiento recupera una visión del cuerpo como algo vivo. En ambos casos, los límites de la convención son suspendidos. La idea de «romper con» las convenciones para «recuperar» el cuerpo es un ejemplo claro de gnosis que afirma el cuerpo resucitado, no lo niega.

Un diálogo anterior entre Jesús y los discípulos confirma esta lectura. Oyendo a Jesús hablar de la gran

---

23. M. Fieger, *Das Thomasevangelium*, p. 222; Grant y Freedman, *The Secret Sayings of Jesus*, pp. 164–179. Ménard atribuye la diferencia entre los dos pasajes a un simple error de traducción (*L'Évangile selon Thomas*, p. 158).

24. En el dicho 11, Jesús dice: «Este cielo pasará, y aquel de encima pasará», lo que parece ser contrario a la creencia gnóstica de que el cielo encima de éste –el reino del verdadero Dios– conquistará un día los múltiples niveles de los cielos creados por el demiurgo.

lucha necesaria para lograr el reino interior, los discípulos le piden que les cuente «cómo será nuestro fin». Él los amonesta por no haber emprendido el camino y ya estar ansiosos por saber donde acabará. Jesús continúa:

> Si os convertís en mis discípulos y escucháis mis palabras, estas piedras se pondrán a vuestro servicio. Pues hay cinco árboles en el Paraíso que permanecen inalterados verano e invierno y cuyas hojas no caen. Todo aquel que se familiarice con ellos no experimentará la muerte. (19)

La referencia al servicio de las piedras es un eco de la idea anterior de «reinar sobre todo», pero la elección de las piedras no es casual. En unos cuantos dichos anteriores, Tomás ha recibido de Jesús tres enseñanzas secretas que rehúsa comunicar a otros porque recogerán piedras para arrojárselas y «un fuego que surgirá de las piedras os quemará».(13)

El tema de que aquel a quien la verdad convencional se ha vuelto transparente evita con ello la acusación de blasfemia es un tema frecuente en el gnosticismo, así como en otras literaturas esotéricas. Lo extraño es la explicación que se da a por qué las piedras obedecen a los gnósticos: los cinco árboles del Paraíso cuyo conocimiento trae consigo la vida más allá del alcance de la muerte.

La imagen de los árboles que dan la vida del Paraíso está, creo, estrechamente vinculada a la idea de «oír» las palabras de Jesús, que es presentada en la perícopa anterior como algo que significa más que hacerse meramente su discípulo. En efecto, la frase más repetida en el Evangelio de Tomás es el mandato: «Quien tenga oídos para oír, que oiga». Los «oídos» de los que habla Jesús no son los oídos de la percepción convencional que todo el mundo oye, sino el oído del individuo que es capaz de entender. Nótese el uso de las formas singulares y plurales del dicho 33:

> Pregonad {pl.} a los cuatro vientos aquello que oyes {sg.} con tu oído [con el otro oído].

La frase final, que ha sido considerada como un error de transcripción, cobra sentido entendida como referida al «oído interior» que escucha aquello que los demás sólo pueden oír.[25] Los sentidos que verdaderamente perciben están verdaderamente vivos, ya no estarán amortecidos por el mundo de las convenciones ordinarias. Cada uno de ellos es, con palabras del Libro de las Revelaciones, como un «árbol de la vida en el Paraíso de Dios».[26]

Situar los sentidos más allá de la influencia mortificadora de los modos de percepción convencionales no significa trascender el mundo, usando una expresión muy conocida del Evangelio de Juan: estar *en* el mundo pero no ser *del* mundo.[27] De ahí que Jesús aconseje a sus

---

25. *Nag Hammadi Codex*, 67n. MÉNARD discrepa (*L'Évangile selon Thomas*, p. 24). Adviértase la importancia similar de la frase singular del dicho 5.

26. «Quien tenga oídos para oír, que oiga lo que el Espíritu está diciendo a las iglesias: a aquellos que demuestren ser victoriosos alimentaré con el árbol de la vida plantado en el paraíso de Dios» (2.7). La idea de que el sabio «no experimentará la muerte» aparece ya en el primer dicho del Evangelio de Tomás.

27. Me resisto a la idea de que los árboles del paraíso representen una recuperación de lo sensual meramente en el reino de la imaginación. La idea, aunque no es desconocida para el pensamiento gnóstico, no se limita a esto, como se ve, por ejemplo, en El Pastor de Hermas, una obra leída como escritura en las comunidades cristianas del siglo II y considerada como tal por Ireneo. El texto acaba con una visión en la que el Ángel del Arrepentimiento premia a quien se arrepiente del pecado de la fantasía sexual con la compañía de doce vír-

discípulos que se protejan de quienes invaden sus moradas (21, 35, 103). La recuperación, el ejercicio y la salvaguardia de los sentidos en relación con las privaciones del hábito es un ingrediente esencial de la intuición si no una medida de su verdad:

> Os daré lo que ningún ojo ha visto y ningún oído ha escuchado y ninguna mano ha tocado y que nunca se le ha ocurrido a una mente humana. (17)

Lo que Jesús promete no es más no-corpóreo que no-mental. Es una experiencia elevada de mente y cuerpo.

Volverse como los niños

El paradigma de los sentidos liberados es, evidentemente, el propio Jesús. No es una coincidencia que al compararse con el «mundo», use el lenguaje de los sentidos:

> Ocupé mi lugar en medio del mundo y me aparecí ante ellos en carne. Los encontré a todos ebrios; no encontré a nadie sediento. (28)

La privación de los sentidos a la que me referí antes como una forma de ascetismo de masas no es, principalmente, una función del apetito sino de la voracidad. Aquí, también, la razón de que la aparición de Jesús pase desapercibida es que los sentidos se embriagaron hasta el punto de la aturdimiento. Reavivar los sentidos es tam-

---

genes que pasan la noche entreteniendo al antiguo pecador, danzando o besándole y abrazándole –«como ayudantes, para que pueda estar mejor capacitado para respetar los mandamientos». La cita procede de J. B. Lightfoot, M. R. James y H. B. Swete, *Excluded Books of the New Testament*, Londres, Eveleigh Nash and Grayson, 1927, 9.11 (p. 374), 10.3 (p. 401).

bién reavivar el apetito de las satisfacciones substanciales y animadas. La alienación del apetito es resultado de la dependencia de la satisfacción pasiva, que no participativa. Tenemos que aprender, en las palabras del Evangelio de Tomás, a volvernos «sedientos» otra vez.

La imagen más común del texto sobre purificar el apetito es volverse como los niños, quienes «conocen el lugar de la vida» (4). El propósito aquí no es, evidentemente, un retorno a la ignorancia infantil (los niños en el dicho 21, por ejemplo, se instalan en campo ajeno y en la frase siguiente es claro que son más que bebés lactantes), pero la habilidad de experimentar los más profundos deseos del cuerpo y la mente simplemente, como si fuera la primera vez.

Solamente aquellos con esta cualidad infantil como «los elegidos del padre viviente» (50) pueden «familiarizarse con el reino» (46). La elección de estos «niños de la luz» (un término que también se encuentra en Jn 12, 36) no implica una iniciación en un cuerpo de doctrinas arcanas. Las enseñanzas secretas del Evangelio de Tomás son un secreto bastante abierto. La elite que lo comprende no es un puñado de discípulos de adeptos mayores, sino aquellos que han tenido el coraje de desnudarse a su infancia natal y descubrir la verdad dentro de sí.[28]

---

28. La marca distintiva de la «presencia del padre» en estos niños de luz es el «movimiento y reposo». En otro lugar, Jesús dice a sus oyentes que para mantenerse vivos y no ser consumidos por el mundo, deberían «procurarse un lugar donde reposar» (60). Aunque el texto no ofrece ningún otro indicio sobre el significado de esta frase enigmática, no es inusual en las tradiciones esotéricas orientales y occidentales referirse a la acción que procede de una armonía interior.

El Evangelio de Tomás habla del despierto como «el solitario» (49, en griego, *μοναχός*). Véase también la nota 24.

Volverse como Jesús significa volverse como un niño, lo que implica que Jesús mismo es como un niño. El Evangelio de Tomás no extrae esta conclusión sino que proporciona una razón adicional para la popularidad del Evangelio de la Infancia según Tomás, una colección de cuentos populares compilados más o menos en la misma época y en la misma atmósfera gnóstica. Sea como fuere, seguir como un niño los deseos del corazón es lo mismo que Jesús en el Evangelio de Tomás reprocha a los escribas y fariseos haber reprimido. «Ellos han cogido las llaves del conocimiento», dice, «y las esconderán. Ellos mismos no han entrado, ni han permitido entrar a quienes lo deseaban» (39). Un dicho posterior que los compara a perros en un pesebre cuya mordedura hace que ni comen ni permiten a los bueyes comer (102) sugiere además un freno erróneo de los apetitos.[29]

Desfeminizar la salvación

Las alusiones positivas a los apetitos del cuerpo y la mente plantean inmediatamente la cuestión sobre la actitud hacia el género y la actividad sexual. Casi todos los comentaristas coinciden en que «el Evangelio de Tomás presenta una ascesis sexual estricta».[30] Al margen de los pasajes antes citados, que por sí mismos no corroboran tal visión, los dichos que tratan sobre las mujeres parecen proporcionar la evidencia concluyente. Por mi parte, no estoy del todo convencido.

---

29. Como apunta WINTERHALTER, la imagen del perro en el pesebre se encuentra en una de las fábulas de Esopo (*The Fifth Gospel*, p. 107).

30. BETZ y T. SCHRAMM, *Perlenlied und Thomas Evangelium*, p. 98; FIEGER, *Das Thomasevangelium*, p. 131.

Como en Juan 4, son los discípulos quienes se sorprenden al encontrar a Jesús conversando con mujeres, los discípulos que en el Evangelio de Tomás son retratados como un grupo de obtusos (siendo Tomás la excepción, tal como observamos antes) y cuyas preguntas casi siempre dejan escapar lo esencial de lo que dice Jesús. Ciertamente se puede presumir que sus puntos de vista son las propias convenciones que Jesús quiere derribar.

El Evangelio termina con este diálogo:

> Simón Pedro les dijo: «Que María nos deje, pues las mujeres no son dignas de la vida».
>
> Jesús dijo: «Yo mismo la guiaré para hacerla un hombre, para que ella también pueda volverse un espíritu vivo semejante a vosotros hombres. Pues toda mujer que se haga hombre entrará en el reino de los cielos». (114)

La idea de la «desfeminización» como una condición para la salvación es una parte innegable de la tradición gnóstica. Si las palabras de Jesús son sacadas de contexto –o, lo que acaba siendo lo mismo, si el dicho es tratado simplemente como una perla más ensartada en el hilo general del pensamiento gnóstico– este pasaje sólo puede sonar estridente al oído moderno. Un juicio así es injusto con el Evangelio de Tomás.

En este contexto, el comentario de Pedro es un burdo malentendido de la recapitulación final de Jesús sobre sus enseñanzas acerca de ver y trascender las convenciones del mundo en general, y las convenciones con respecto a la carne y el espíritu en particular:

> Aquel que encuentra el mundo se enriquece, dejadle renunciar al mundo. (110)
>
> Aquel que se encuentra a sí mismo es superior al mundo. (111)

Ay de la carne que depende del alma; ay del alma que depende de la carne. (112)

El reino del padre se extiende por la tierra, y los hombres no lo ven. (113)

Como sucede frecuentemente en el Evangelio de Tomás, el discípulo basa su pregunta en presunciones y asociaciones de palabras: ¿La especificación de aquel que se encuentra a sí mismo como *hombre* no justifica la exoneración de las mujeres? Jesús responde a la pregunta recusando su ignorancia.

La mujer que Jesús *guiaría* es la misma mujer que Pedro *dejaría atrás*. Y mientras Jesús ve semejanzas entre los sexos en el espíritu que desafían las discriminaciones de la convención del mundo, Pedro sólo puede ver las diferencias de la carne. Suponiendo que las referencias anteriores del Evangelio sobre la carne fuesen todas despectivas, es posible argumentar que el reino de Dios es para los espíritus desencarnados, en los que no hay varón o mujer.[31] Y a partir de esto se puede dar aún un paso más adelante y argumentar que la mujer es el símbolo gnóstico del ámbito corrupto de la materia en general.[32] Sin embargo, estas son las suposiciones que la primera parte del dicho 112 –«Ay de la carne que depende del alma»– descarta.[33] Para el Evangelio de Tomás, solamente una interdependencia de los opuestos bastaría.

---

31. Grant y Freedman concluyen su libro: «El punto más elevado de la escatología de Tomás es así alcanzada, al final de su evangelio, con la obliteración del sexo» (*The Secret Sayings of Jesus*, p. 198).

32. Fieger, *Das Thomasevangelium*, p. 286.

33. La alusión de Jesús al padre (y en consecuencia, él mismo) como «no nacido de mujer» (15) en modo alguno es un argumento para alegar que la influencia de la actitud gnóstica sea infundada. La

Lo que el Evangelio de Tomás parece haber recibido de la cosmología gnóstica es la imagen más antigua de un humano originalmente andrógino, separado temporalmente en varón y hembra, pero anhelando internamente la reunión.[34] Aquí es aplicada meramente a la esfera de la intuición espiritual, el reino, donde puede tener lugar la reunión.[35] Al aceptar a la mujer en las filas de los «guiados», Jesús indica que es igualmente importante para el varón volverse femenino para entrar en el reino.

La idea de la igualdad en la posibilidad de ser discípulo también está presente en un diálogo anterior del evangelio entre Jesús y la misteriosa figura de Salomé:

> Jesús dijo: «Dos yaceréis en un lecho: uno morirá y otro vivirá».
>
> Salomé dijo: «¿Quién eres tú, hombre, que te acercaste a mi diván y comiste de mi mesa?»
>
> Jesús le dijo: «Yo soy el que existe desde lo indiviso. Me fueron dadas algunas de las cosas de mi padre».
>
> [Salomé dijo:] «Yo soy tu discípula».
>
> [Jesús le dijo:] «Por eso yo digo que, si él[36] es destruido, él se llenará de luz, pero si él es dividido, él se llenará de oscuridad». (61)

---

frase simplemente es un lenguaje para «las criaturas de Dios» (véase Job 14.1). De otro modo no tendría explicación cómo es que el dicho 46 puede mencionar a Adán como «entre esos nacidos de mujer».

34. Véase Ménard, *L'Évangile selon Thomas*, p. 210.

35. Pienso que no carece de sentido que Jesús utilice a los hombres y las mujeres para alegorías similares del reino: como un hombre que tiene un tesoro oculto en su campo sin saberlo (109) y como una mujer que cogió un poco de levadura y la escondió en una masa (96).

36. Grant y Freedman traducen la partícula como *it* [«ello» pronombre neutro de tercera persona] y sugieren que se refiere al lecho, en cuyo caso se confirma el rechazo naaseno de las relaciones sexuales (*The Secret Sayings of Jesus*, pp. 167–168).

El «uno» que muere aquí es el que es escindido del «otro». El individuo que primero rompe con las relaciones convencionales para «permanecer solo» (4, 16), únicamente se sentirá realizado cuando la realidad del otro sea restaurada. Concluyo que la implicación del pasaje que «uno morirá y otro vivirá» es que la divisibilidad acaba en oscuridad e ignorancia, en tanto que la destrucción de la divisibilidad lleva a la luz y al entendimiento. Pero la imaginería de alcanzar la plenitud en el lecho y en la mesa también se vincula con los apetitos más básicos de la carne al mundo del espíritu. Pues es como un «hombre» que Salomé se dirige a él. Jesús se identifica como «desde lo indiviso» y Salomé (cuyo nombre significa «armonía» de los opuestos)[37] como su «discípula». La superación de la divisibilidad en el lecho convierte el «uno» en «otro» que vive. Como observa un dicho posterior, es solamente cuando el novio deja la cámara nupcial que los dos deben ayunar y rezar (104). Esta imagen del resucitado, aunque todavía languidezca bajo el peso de las distinciones cuerpo-alma, se ha sustraído a sí misma de la depreciación gnóstica de los sentidos y de lo femenino.

Hay mucho más en el Evangelio de Tomás de lo que puedo abordar en estas pocas páginas y, sin duda, los

---

37. La figura de Salomé aparece frecuentemente en los textos de Nag Hammadi y en otros (por ejemplo, el Evangelio de los Egipcios, el Nacimiento de María y el Apocalipsis de Santiago), sin ninguna consistencia aparente de su significado simbólico. Para más detalles, véase *L'Évangile selon Thomas*, p. 162. No hay razón para suponer que en este pasaje sea un símbolo de lo femenino ni más ni menos que Jesús de lo masculino.

pasajes antes citados reflejarán preocupaciones bastante distintas para otros lectores. Tal es el destino de un texto amparado en la ambivalencia del movimiento gnóstico y sus conexiones cristianas.

Gran parte del mismo misterio envuelve el mito científico-tecnológico de nuestra propia época. Por todas sus apelaciones y obvios logros, hay un lado bárbaro y despótico en nuestro mito moderno que exige tanto una distancia crítica como una respuesta crítica. He intentado sugerir que la privación de los sentidos pertenece a este lado oscuro de nuestro mito; y que el Evangelio de Tomás, muchas de cuyas ideas han fluido durante siglos debajo de la superficie de la tradición cristiana, es con mucho, nuestro evangelio. Del mismo modo que las religiones rurales paganas de Europa y América han mantenido vivo un sentido de la naturaleza que ha estado ausente de la teología cristiana, tal vez todavía haya mucho que aprender de las civilizaciones menos abrumadas que nosotros por las seducciones del desarrollo acerca de cómo liberarnos de los ascetismos de nuestra época y cómo restaurar en religiones como el budismo o el cristianismo la preocupación por los sentidos.

CONVERTIR EL BUDISMO EN CRISTIANISMO, EL CRISTIANISMO EN BUDISMO

Originalmente, este ensayo me fue solicitado para una colección sobre el diálogo interreligioso publicada por el Instituto Central para la Investigación Académica Risshō Kōseikai. Elegí este tema por la sencilla razón de que en las cosas que estaba escribiendo había empezado a aparecer la «conversión mutua» como una especie de cliché autoevidente que resonaba en mí desde diferentes direcciones. Me pareció que ya había llegado el momento de decir algo sobre la cuestión.

Que yo sepa, el término lo he tomado de John Cobb, pues desde que vivo y trabajo en Asia, pienso que él es el alma del diálogo y estoy seguro de que esta no es la única de sus ideas relativas a esa creencia que he asimilado.

En este ensayo, he intentado empezar por las críticas que a menudo se oyen acerca de que el diálogo interreligioso implica una suspensión de la fe o, al menos, una suspensión del deseo de propagar la fe, y que su objetivo es articular una forma de religión sincrética que transciende toda cultura, algo hecho a medida de las demandas de los estudiosos interreligiosos.

Discrepo de ambas conclusiones. Al mismo tiempo, hay indicios de que una transformación mutua del budismo y el cristianismo apenas ha comenzado y que esta transformación sobrevivirá a los esfuerzos por hacer descarrilar el proceso en aras de la satisfacción inmediata de una simple confrontación entre tradiciones o una mera fusión de las dos.

Originalmente publicado como「仏教とキリスト教の相互的回心」en『宗教間対話運動の課題』[Temas sobre diálogo interreligioso], 中央学術研究所, Tokio, 1997, pp. 16–25. La versión inglesa fue publicada en *Japanese Religions* 22, 1997, pp. 107–117.

La época de la conquista religiosa ha terminado. Las esperanzas de ganar todo el mundo para una única organización religiosa todavía persisten como un resquicio del pasado, pero suenan poco profundas y fuera de tono en relación con la conciencia religiosa que se ha ido formando el siglo xx y que nos está impulsando hacia el próximo milenio. El diálogo interreligioso que ha comenzado a florecer en los últimos veinte años entre las religiones mundiales –un florecimiento del cual el budismo y el cristianismo han asumido el liderazgo– ha sido un instrumento para encauzar la dirección de la fe religiosa desde el sueño de volver a dibujar la geografía religiosa del mundo, hacia el sueño de cultivar conocimientos y virtudes adecuados para la coexistencia en un mundo religiosamente plural.

En cuanto a las religiones clásicas del mundo que han asumido el liderazgo del diálogo, el resultado es que la propia idea de una «religión mundial» requiere ahora ser redefinida, y dicha redefinición debe ser tejida dentro de la expresión religiosa y los hábitos rituales de los creyentes comunes. La proporción de miembros, de riqueza institucional, de influencia cultural, de desarrollo doctrinal y de expansión internacional, todos ellos patrones adaptados para medir el progreso de la religión organizada en el pasado, ya no son normativos en un mundo religiosamente plural. La religión del mundo del futuro será juzgada por un patrón distinto, un nuevo modelo para la historia humana y, con todo, todavía percibido vagamente.

El diálogo interreligioso sólo es uno de los factores que han contribuido a este cambio de clima. El diálogo no es ni un impulso primario en la dirección de, ni un modelo para la gran transformación que va a ocurrir en la religión popular e histórica. El diálogo ha contribuido a desarmar a la religión organizada de las armas de la conversión masiva y, al mismo tiempo, ha ayudado a preservar la credibilidad intelectual de la tradición doctrinal, pero su atmósfera está demasiado enrarecida como para producir una espiritualidad general. Puede abrir ventanas en las ciudadelas de la autocomprensión que han construido las religiones establecidas para sí mismas; el aire fresco debe entrar desde fuera. Por eso mismo, cerrar el diálogo interreligioso a los creyentes comunes como un campo para los especialistas es olvidar que éste soplaba, en nuestra época, en el torbellino de un sentimiento religioso mucho más amplio. Si el diálogo requiere ser llevado a cabo desde dentro de la religión establecida, debe ser siempre realizado con la cabeza fuera de la ventana.

Dicho esto, no veo otro modo de que las religiones mundiales tradicionales, como el budismo y el cristianismo, produzcan una espiritualidad general para su fe en un mundo religiosamente plural, que aceptar primero como su herencia legítima toda la riqueza religiosa de la humanidad. Esta aceptación exige una mayor conversión. No es una coincidencia que el desencanto ampliamente extendido con la religión organizada en nuestra época vaya a la par con el crecimiento de la espiritualidad. Las instituciones religiosas se han distanciado demasiado del sentimiento religioso de hoy como para que puedan restaurar el tapiz completo de la terminología o llevar a cabo una revisión radical de la burocracia. Parte del intento de entrar en contacto con el espíritu religioso de nuestra época, tal vez la mayor parte, tiene que ver con un cambio de corazón para con la verdad de las otras religiones. Con esto no me refiero sólo a coexistir amistosamente en la historia religiosa de nuestros tiempos, sino también a participar mutuamente en la difusión y la profundización de la verdad del otro.

La misión imperativa

Una de las quejas más frecuentes que surgen entre quienes se dedican activamente al diálogo interreligioso, incluso en niveles abstractos, es que esta tarea promueve un tipo de religiosidad a la carta que deja el contenido de la fe a la discreción de los creyentes individuales y socava la tradición. Se dice que el diálogo comienza con un compromiso epistemológico acerca de la relatividad de la verdad, que la recubre con una capa brillante de «apertura de mente» y «tolerancia» diseñada para atraer a las sensibilidades modernas. El resultado es que quienes trabajan en el diálogo en el campo académico se sitúan en una forma u otra de sincretismo teórico, mientras que se deja a quienes intentan hallar un lugar para la fe en sus vidas diarias con una tradición hágasela-usted-mismo. Las creencias, los rituales, las escrituras, el lenguaje, la arquitectura, el arte, la música, los hábitos –todo es vertido en un único popurrí de «religión» y mezclado hasta el mínimo común denominador.

Éste no es el espacio en el que plantear la cuestión

del significado de la «verdad absoluta». Tampoco es el momento para desenmarañar los prejuicios que rodean el término «sincretismo». Más importante es abordar el sentimiento que reside tras esta queja, es decir, que sin una identidad clara que diferencie una tradición religiosa de otra no hay modo de difundir la verdad de la propia creencia o afiliar nuevos miembros. Este sentimiento no va desencaminado. Obviamente, cuanto más religiosos son los contenidos que se dejan a elección del individuo, menos oportunidades tiene una institución establecida de preservar su pasado y crecer en el futuro. Sin las dos alas de la autopreservación y la autodifusión, la tradición religiosa no podrá despegar del suelo. Asimismo, las dos religiones mundiales que han ido más lejos en el diálogo interreligioso, budismo y cristianismo, no pueden simplemente ignorar esos temores acerca de en qué se convertirá su misión, una con respecto a otra, y con respecto a las masas de la humanidad, en un mundo pluralmente religioso.

Para empezar, es evidente que ambos, cristianismo y budismo, son *fundamentalmente misioneros en su orientación.* Para los cristianos, la fuente bíblica es clara y bien conocida para todos los creyentes. En tres de los cuatro evangelios, Jesús concluye la instrucción final de sus discípulos con el «gran cometido» de «id y haced discípulos en todas las naciones».[1] Mientras que el evangelio de Mateo agrega la observación de que deberán «bautizarse», esto parece ser un añadido que refleja la práctica litúrgica de la comunidad para la que el evangelio fue escrito, ya que Jesús, de hecho, no bautizó a sus discípu-

1. Mt 28, 19; véase Mc 16, 15, Lc 24, 47.

los. En cualquier caso, el pasaje como tal no recomienda a los creyentes cristianos formar una institución e intentar afiliar la mayor cantidad posible de miembros, sino simplemente difundir las enseñanzas de Jesús como «la buena nueva para toda la creación».

Pese a su lugar prominente en la conclusión de los evangelios, el gran cometido no estuvo siempre en el centro de la conciencia cristiana. Efectivamente, las oleadas de grupos misioneros protestantes, y después de católicos, que se intensificaron en los primeros años del siglo XIX, fueron un intento de sacudir las iglesias de su provincialismo y recordarles los campos a ser cultivados por Cristo en África y Asia. Un siglo más tarde, la Conferencia Misionera Mundial celebrada en Edimburgo en 1910, encontró una atmósfera que anticipaba el colapso de las religiones no cristianas en el siglo XX:

> El espectáculo del avance de la Iglesia cristiana en muchas líneas de acción hacia la conquista de las cinco grandes religiones del mundo moderno es de un singular interés y grandeza.[2]

Naturalmente, el «siglo cristiano» tomó caminos distintos de los esperados. En la época de la segunda conferencia misionera en Jerusalén en 1928, la marea negra del paganismo secular había suplantado a las otras religiones del mundo como principal enemigo a ser conquistado. En el tercer encuentro, celebrado en la India en 1938, la famosa dialéctica de Karl Barth entre la pluralidad de

---

2. El comentario fue hecho por D. S. Cairns, presidente de la comisión para tratar con religiones no cristianas. Es citado en W. H. T. GAIRDNER, *Edinburgh 1910: An Account and Interpretation of the World Missionary Conference,* publicado por el Comité de la Conferencia Misionera Mundial, Edimburgo y Londres, Oliphant, Anderson & Ferrier, 1910, p. 281.

formas religiosas y la palabra única de Dios revelada en Cristo ponía en evidencia los intentos de atenuar el filo agresivo de la misión a otras religiones, a favor de medios más comedidos para llamar a las personas a salir de la oscuridad de sus religiones y llevarlas a la luz de la revelación cristiana. Después de la Segunda Guerra Mundial, los teólogos católicos empezaron a sugerir que había salvación en otras religiones o, por lo menos, una especie de «cristiano anónimo», y que las misiones competitivas deberían ceder el paso a la búsqueda común de la verdad. Este pensamiento dio sus frutos en la proclamación del Concilio Vaticano II (1965) y tres años después en la Asemblea General del Consejo Mundial de Iglesias en Uppsala.

Hoy, los cristianos se encuentran en el fin del movimiento que empezó en el siglo XIX, pero las palabras del gran cometido continúan resonando como telón de fondo de todas las charlas de diálogo interreligioso. De hecho, la orientación del misionero cristiano puede ser incluso más fuerte y más pura a finales de nuestro siglo de lo que fue en su inicio triunfal. Gracias al diálogo con el budismo, ciertamente es distinto.

La naturaleza y la composición de las escrituras budistas prácticamente excluyen la idea de un *locus classicus* universalmente aceptado para la orientación misionera del budismo. Con todo, no hay duda de que Buda estableció que el Dharma fuera promovido en el exterior, más allá de las fronteras de sus orígenes. En *Mahāvagga,* encontramos el mandato pronunciado a la primera comunidad monástica en la fórmula:

> Id ahora, mis hermanos monjes, y peregrinad para el progreso y bienestar de muchos, por compasión del mundo… Y no permitáis que dos de vosotros recorran el mismo camino.

En el capítulo siguiente encontramos a los monjes que regresan con personas de regiones lejanas y tierras extranjeras, pidiendo a Buda que les confiera la ordenación. Al ver cómo el viaje les ha dejado exhaustos, Buda no retira o reduce su mandato de difundir el Dharma en el extranjero, sino que extiende el poder de la ordenación a los monjes peregrinos para que no tengan que regresar constantemente a casa:

> Conferid en las diferentes regiones y en los diferentes países la ordenación vosotros mismos en aquellos que deseen recibirla.[3]

El objetivo de Buda era convertir a todo el mundo, desde los dioses del cielo a las gentes de los parajes más remotos de la tierra. Dejar el mundo (*pravra*) era un requisito para todos sus seguidores, pero la orden monástica recibió además el mandato de avanzar para divulgar el Dharma.

Un siglo después, el rey Asoka llevaría el celo misionero de Buda más lejos en la forma de *Dharma-vijaya*, una política sistemática de persuasión moral cuya meta era el amor, cuya brújula era «todas las criaturas vivas» y cuyo seguro eran un gobierno centralizado con oficiales establecidos en lugares clave por todo el imperio.[4] La historia de la expansión del budismo a través de Asia es atribuida a ambas cosas: al entusiasmo del fundador y a la influencia de las monumentales ambiciones evangélicas de Asoka.

Sin haber desarrollado nunca una teoría misional y careciendo de una organización ecuménica, no obstante, el budismo moderno no estaba equipado para lanzar a

---

3. *Mahāvagga*, 1.11–12.
4. *Rock Edict*, 13.

Occidente un frente misionero unido comparable a los regimientos de misioneros cristianos que llevaron el evangelio a los países tradicionalmente budistas. En la década de 1930, T'ai-hsu y los líderes de la Asociación Budista China llevaron a cabo un intento para ganar el apoyo de los budistas de otros países asiáticos para emprender una tarea de propagación del Dharma por todo el mundo y una «unión de todas las formas existentes de civilización».[5] Esfuerzos similares fueron realizados por la Sociedad Mahabodhi en la India, que colaboró inicialmente con la Sociedad Teosófica para establecer una misión en inglés en 1925, pero, nuevamente, nada comparable a las misiones cristianas.

Desde la Segunda Guerra Mundial, el avance de la cooperación ecuménica entre los budistas de diversos países y el surgimiento de las sectas budistas han traído consigo esperanzas en el Dharma del Buda como un antídoto al malestar de la civilización moderna. Los movimientos misionales de muchos países budistas han hecho progresos considerables en afiliación y fuerza institucional en países tradicionalmente judeocristianos de Europa y las Américas –suficientes como para provocar esfuerzos de signo contrario de «re-evangelización» por parte de la cristiandad tanto católica como protestante. Al mismo tiempo, individuos y grupos budistas que han aceptado la invitación del cristianismo a participar en el diálogo han estimulado a los cristianos a repensar en serio la teología y han dado al budismo un nuevo foro de

---

5. Clarence H. Hamilton, «Buddhism», en H. F. McNair, *China*, Berkeley, University of California Press, 1946, p. 297. Véase también Joseph Kitagawa, *Religions of the East*, Filadelfia, Westminster Press, 1968, pp. 88–221.

reflexión sobre el significado de las enseñanzas de Buda y su transmisión hoy día.

El encuentro budista-cristiano ha reunido a estas dos grandes religiones misioneras de la historia de la humanidad para discutir preocupaciones comunes en un mundo interreligioso. La idea de que cada una de ellas debería abandonar su orientación misionera o disminuir su celo simplemente para realzar el diálogo es contraproducente. Para que cada una sea verdaderamente lo que es, el diálogo debe siempre ser un foro de conversión. La cuestión es *qué clase* de conversión.

El imperativo vernáculo

A través de sus historias respectivas, tanto el cristianismo como el budismo han experimentado «acomodaciones» y «confrontaciones» en sus contactos con otras culturas y religiones. Ambos han sabido usar las armas de acero y las armas de la cultura para propagarse institucionalmente, y ambos han producido sus gigantes intelectuales que han sabido armonizar sus enseñanzas sagradas, amistosamente, con otros modos de creencia y de pensamiento. En cada caso, el objetivo de la estrategia era el mismo: ganar conversos para el propio modo de creer.

Para muchos, el diálogo interreligioso es simplemente una continuación de una u otra estrategia: o proporciona un foro libre para responder dudas y aclarar malentendidos sobre las creencias, o establece un debate formal en el cual las creencias en conflicto pueden competir intelectualmente una con otra. Esto equivale a perder de vista lo esencial. La genialidad del diálogo interreligioso no pertenece ni a la acomodación ni a la confrontación, y la razón es que la conversión que persigue no es un cambio de afiliación o una decisión a favor de una tradición y en contra de otra. Conceptualmente hablando, el diálogo no tiene por objeto substituir algunas creencias por otras, ni tampoco armonizarlas, sino traducir el autoconocimiento de una tradición a otra.

No es que esta idea sea especialmente novedosa. Tal como la orientación misionera es fundamental para el cristianismo y el budismo, la *orientación vernácula* es necesaria para aflojar el control que un tiempo, una cultura o un modo de pensamiento particular ejerce sobre las enseñanzas consideradas sagradas, de modo que puedan penetrar en otros tiempos y en otras circunstancias libremente.

Para la primera comunidad cristiana, el vínculo entre la orientación a la misión y la orientación hacia lo vernáculo es simbolizado por el evento de Pentecostés.[6] Los principales discípulos de Jesús, todos ellos galileos, estaban reunidos en una estancia, en Jerusalén, cuando un «viento poderoso» vino a ellos y empezaron a predicar en lenguas extranjeras. Jerusalén era una ciudad cosmopolita con gentes de todas las naciones cercanas y lejanas en donde se hablaban una gran variedad de lenguas.

La conmoción atrajo a multitudes de personas que se quedaron admiradas. «¿Cómo es posible que cada uno de nosotros los escuche en su propia lengua materna?» Algunos se lo tomaron a risa como si fuese debido a los efectos del vino de nueva cosecha, pero Pedro, el líder de los discípulos, se puso en pie y les aseguró que estaban inspirados por el Espíritu Santo para hablar de lo que

6. Hechos 2.

Jesús les había enseñado, y que ese mismo Espíritu les sería otorgado a todos los que aceptaran a Jesús y se arrepintiesen. Ese día, se hicieron las primeras conversiones al cristianismo.

El «don de lenguas», que parece haber sido común en la primera comunidad cristiana, fue una simple maravilla restringida a quienes fueron testigos presenciales. El milagro real de Pentecostés era que las enseñanzas de Jesús, quien había crecido entre un patrimonio religioso y en un ambiente cultural particulares, los trasladó inteligiblemente a lenguajes de «las personas de cada nación bajo el cielo». Las divisiones culturales simbolizadas en el relato de la torre de Babel habían sido trascendidas por el simple mensaje de un carpintero de Galilea.

Uno de los acontecimientos simbólicos que conozco que puede ser comparado con esto es una historia que aparece en el canon pali. Dos monjes, brahmanes de nacimiento, se acercaron a Buda lamentándose:

> Señor, monjes de diversos clanes y razas están corrompiendo tus palabras al repetirlas en sus propios dialectos. Recuérdanos tus enseñanzas en védico.

Pero Buda no dio ninguna importancia a este hecho:

> ¿Cómo podéis ser tan ilusos? Eso no hará que los no conversos se conviertan sino que sólo ahuyentará a los convertidos.

En vez de eso, reunió a todos los monjes y les instruyó para que sus palabras *no* fueran consignadas en védico:

> Aquel que lo hiciera, cometería un pecado. Yo os autorizo, monjes, a aprender las palabras de Buda cada uno en su propio dialecto.[7]

---

7. *Cullavagga* 5.33.1

La misma posición es atestiguada y elaborada en las versiones chinas del mismo incidente.[8]

Desde el principio, las misiones del cristianismo y el budismo predicaron una verdad *universal,* no una *uniforme.* Como dirían los gnósticos, su verdad era como un círculo cuyo centro está en todas partes y su circunferencia en ninguna. Tanto las lenguas de Pentecostés como la condena de Buda de una lengua sagrada apuntan a una conversión común y fundamental de la tradición a una cultura vernácula. Es esta conversión, no la afiliación de nuevos miembros o la conquista de la autoridad cultural, el modelo para la conversión interreligiosa.

La mutua conversión

La idea de la mutua conversión, de participar en la divulgación y profundización de la verdad de otro, no se le ocurrió a Buda ni a Jesús, y no se encuentra en los textos sagrados de sus tradiciones. Es un objetivo nuevo para el cual el florecimiento del diálogo budista-cristiano es el índice y el estímulo. No es la *metanoia* del individuo que rechaza un conjunto de valores para abrazar otro. No exige un cambio de la estructura básica de referente simbólico. Tampoco es lo mismo que la catequesis o la iniciación en una secta particular. Es un encuentro de tradiciones –o, lo que es lo mismo, de individuos formados en tradiciones doctrinales diferentes– en un campo común de religiosidad que no pertenece a nadie sino que es un derecho de todos.

---

8. Véanse las referencias en F. Edgerton, *Buddhist Hybrid Sanskrit Grammar and Dictionary*, Delhi, Motilal Banarsidass, 1977, p. 2.

Ese campo común no precisa de la aprobación de ninguna escritura y no gana nada con una justificación teológica. Es parte de nuestro derecho de nacimiento como hijos de la época. Podemos decir que es parte del misterio de lo que está «en el aire»: en gran parte invisible, inhalado inconscientemente, pero siempre ahí para inspirar el diálogo, siempre esperando pacientemente para transformar el diálogo en una música que la fe pueda entender.

Para evitar la confusión, es mejor distinguir el diálogo interreligioso del *encuentro interreligioso.* Este último es más amplio, lo incluye todo, desde la acción social conjunta al cultivo de técnicas de oración y de meditación de otros hasta compartir rituales religiosos. El diálogo es algo diferente. Como sugiere la raíz griega de la palabra *diálogo,* significa recoger ideas, parafrasearlas en dialectos diferentes; significa argumentar, discutir, criticar y tomar decisiones a través de palabras leídas y escuchadas, habladas y escritas. En sí, no tiene objeto fuera de sí mismo. Como dice Jan Van Bragt, su propósito es ser «sin propósito», una «aventura sagrada» que un plan secundario traiciona.[9] Poner el diálogo al servicio del proselitismo es desperdiciar su fuerza; transformarlo en un campo de especialidad, abrir departamentos o programas de graduación en su nombre, o someterlo a reglas es debilitar su escándalo. Su único proyecto es la conversión de los participantes en el campo del diálogo a un nuevo modo de ver. Lo que se hace con lo que se ha visto debe ocurrir fuera del propio foro del diálogo mismo. Si alguien entra en el

9. Jan Van Bragt, 「諸宗教対話の諸問題」 [«Problemas en el diálogo interreligioso»], en『宗教と文化』 [Religión y cultura], Instituto Nanzan de Religión y Cultura, ed., Kioto, Jinbun Shoin, 1994, p. 45.

diálogo con un proyecto ajeno a él, la conversión es cegada desde el inicio; si todo lo que se hace, se hace meramente en el diálogo, la conversión al final es vacía.

La conversión del modo de ver en el diálogo es, en primer lugar, un «volverse hacia el otro». A menos que el budismo mantenga al cristianismo como su «otro» y a la inversa, no habrá nada hacia donde volverse. El eclecticismo tipo cafetería *fast food* puede ser hoy –y en algún caso, en efecto, así *es*– una opción espiritual viable para muchos. Armonizar las diferencias y acentuar las similitudes, por muy magnánimo que sea el gesto de compensación a los antiguos enemigos, es inaceptable en el contexto del diálogo en tanto que sirve para eliminar o debilitar el sentido de otredad del encuentro. No es posible volverse hacia atrás para ver la fe del otro si se ha perdido la seguridad del propio pie de apoyo.

Desde luego, no hay duda de que las percepciones budistas y cristianas de la otredad del otro pueden estar equivocadas. El conocimiento intuitivo es a menudo parcial y no se percata de lo que necesita ser iluminado, y el diálogo requiere una vigilancia constante en este aspecto. Al mismo tiempo, los puntos ciegos en el modo en que una tradición se ve a sí misma son, muchas veces, transparentes para quienes los ven desde fuera. El encuentro con el budismo, por ejemplo, ha llevado al cristianismo ha advertir su propio colonialismo cultural en los países budistas, tal como las preocupaciones cristianas acerca de la liberación han dado un motivo serio de reflexión al budismo sobre su propia tendencia a llevar la virtud de la compasión a tal nivel de abstracción o privatización que ya no se preocupa por producir normas sobre lo que es moralmente aceptable en las esferas de su propia influencia cultural.

Al margen de esa función crítica, el diálogo es también un experimento para repensar el autoconocimiento de las tradiciones participantes. El cristianismo mira a través de las lentes de la fe budista para dar una segunda mirada a la fe cristiana, el budismo mira a través de las lentes cristianas para mirar de nuevo la fe budista. Y ambas partes hablan sobre lo que ven, generando cuestiones para reflexiones futuras. La conciencia intelectual y la deferencia hacia la historia del desarrollo de la doctrina reclaman que esas cuestiones no se consoliden en nuevas posiciones sin ser devueltas primero al contexto vivo de la propia fe. Los tipos de cuestiones surgidas en esta revisión son a menudo inquietantes, pero con una mayor reflexión, muchas veces se convierten en posiciones antes descartadas como irrelevantes, insostenibles o heréticas. ¿Qué sucedería si Dios creador fuese impersonal? ¿Y si el Dharma salvador fuese personal? Al permitir que surjan cuestiones como esas y sean tomadas seriamente, el diálogo interreligioso requiere no sólo la apertura a la visión del otro de la propia fe, sino una apertura a la reevaluación del pluralismo doctrinal en nuestro propio pasado.

Si este cambio del corazón hacia el propio pasado no se convierte meramente en una curiosidad intelectual para especialistas, es necesaria además una conversión complementaria al papel positivo que la otra fe tiene que desempeñar en la propia fe hoy. Este es el mayor desafío del diálogo en la medida en que empuja el diálogo fuera de sí mismo y hacia el mundo de la práctica y la creencia religiosa viva, donde la orientación a la misión y a la cultura vernácula debe encontrar ahora un modo de convertir un mundo interreligioso. Repito: no es cuestión de que el budismo y el cristianismo simplemente compartan, uno con otro, técnicas de hacer proselitismo entre sus respectivos afiliados; tampoco es meramente una cuestión de llevar a los extraviados de la afiliación religiosa otra vez al redil de una u otra. Es cuestión de convertir el budismo al cristianismo y el cristianismo al budismo.

La idea de la mutua conversión interreligiosa está lejos de ser claramente definida. En el contexto del propio diálogo, todavía no es más que el signo de una aspiración cuyo casi imperceptible aliento se siente en el rostro de vez en cuando. Existen numerosas instancias de fertilización cruzada en el entendimiento doctrinal y esto puede ser documentado aportando pruebas textuales y ser discutido formalmente.[10] Pero la prueba real –si cualquiera de ellas es *útil* para la creencia personal y para los ejercicios de la fe en acción– es muy difícil de idear.

Aquí, nuevamente, debo recalcar que la cosecha más valiosa reside fuera del foro del diálogo en sí, en la fe de los creyentes comunes. Un buen ejemplo de la mutua conversión puede significar que surja la cuestión real del transplante cultural del budismo y del cristianismo para las esferas culturales del otro.

Por todos los estragos que la secularización ha provocado en las iglesias establecidas en países judeocristianos, las raíces culturales de la iglesia y la sociedad secular están inextricablemente ligadas una a otra. Incluso los ideólogos más antirreligiosos beben de la misma

---

10. Quizá esto no se haya discutido en ningún lugar más directamente que en John B. Cobb, Jr., *Beyond Dialogue*, Filadelfia, Fortress Press, 1982. Por lo que sé, ninguno de los muchos colegas budistas en diálogo con el Prof. Cobb ha producido un documento de conversión al cristianismo comparable al relato de Cobb de cómo el budismo le cambió y cómo piensa que el budismo puede cambiar a través de una influencia cristiana.

fuente que quienes se afianzan en el cristianismo tradicional. Ya no es posible erradicar el lenguaje, las costumbres, los modos de pensamiento y la moral del cristianismo, tal como no habría sido posible para el cristianismo echar raíces en Europa si no se hubiera nutrido del propio suelo del paganismo que se disponía a derrocar. Lo mismo puede ser dicho del budismo en países como Japón, Corea, Tailandia e incluso China, donde cosas como la religión, la irreligión y la anti-religión pueden ser contradictorias entre sí debido a la vastedad de sus comunidades.

En tales circunstancias, la tarea de la conversión religiosa, lejos de empezar con una *tabula rasa* cultural, tiene una base sólida, aunque sea poco reflexionada, desde la que partir. Otra cosa es cuando se trata de divulgar las enseñanzas budistas en las culturas tradicionales cristianas y a la inversa. De un modo general, las misiones de ambas religiones se resignarán a enseñar a los nuevos prosélitos a hablar en una lengua diferente, a comportarse según costumbres extrañas, a pensar según patrones extraños y a adaptarse a un arte, una arquitectura y una música extrañas –y entonces, esperar que con el tiempo la extrañeza desaparezca y se vuelva culturalmente aceptable. No es que sea una esperanza del todo irrazonable puesto que las culturas existentes se están siempre adaptando a los márgenes de lo que es extranjero; y de estos numerosos ajustes, algunos de ellos pasan con el tiempo al uso común. El problema para el budismo y el cristianismo es que en el proceso de honrar su orientación misionera, deshonran la orientación a la cultura vernácula que acompañan.

La preocupación del diálogo interreligioso por la conversión mutua nos obliga a pensar una alternativa:

¿qué pasaría si la cultura budista popular fuese aceptada como la base para la fe cristiana? ¿Y qué pasaría si el budismo en países no budistas abrazase como su propio fondo religioso lo que es fundamentalmente una cultura cristiana? ¿Cómo sería para un misionero cristiano introducir las enseñanzas de Jesús por medio de dos modos inconscientes de pensamiento religioso y los valores que fluyen en la sangre de la vida de un país budista? ¿O para un misionero budista rezar al Dharma a través de convenciones cristianas?

Las preguntas están lejos de ser retóricas. Quizá la idea más clara que tenemos sobre a qué se parecería se encuentra en la historia de las religiones que absorbieron en sus orígenes la atmósfera religiosa y las costumbres de su propio tiempo para echar raíces. Las tradiciones se vuelven orgullosas en cuanto se extienden más, son más inteligentes e institucionalmente más fuertes; y ese orgullo hace difícil reconocer la posibilidad de necesitar volver a la humildad de su nacimiento. No cabe duda de que hay otros medios que amenazan menos la integridad de la tradición para que las religiones reclamen las riquezas de las demás. El único medio seguro para evitar el riesgo de distorsionar la propia tradición religiosa en el diálogo con los de otra religión es abstenerse de todo diálogo. Esto no significa que el diálogo interreligioso promueva la indiferencia al destino de la tradición. Al contrario, sólo un compromiso firme con la tradición es capaz de generar el tipo de «kenosis» radical del pasado que pueda dar crédito a la esperanza, nacida del foro del diálogo pero destinada a transformar la religión de nuestros tiempos, de que el budismo y el cristianismo se conviertan el uno a la verdad del otro.

Interreligiosidad y conversión

A finales del verano de 1996, los investigadores del Instituto Nanzan de Religión y Cultura y el Instituto de Filosofía Oriental se reunieron en un simposio sobre «El catolicismo y Sōka Gakkai». El acto culminaba un año de coloquios y discusiones mantenidos en los dos centros y las actas fueron publicadas la primavera siguiente. Apareció enseguida una segunda edición del libro y llamó considerablemente la atención sobre los primeros esfuerzos realizados por un pequeño círculo de estudiosos de Sōka Gakkai para salir de la posición tradicionalmente exclusivista de su religión y entrar en diálogo con estudiosos de otra religión. Hasta la fecha, toda la aventura se ha topado con un silencio educado, pero intimidatorio, por parte de las autoridades institucionales del movimiento budista.

Cuando preparaba un discurso de apertura para el simposio, tenía en mente los numerosos estudiosos cristianos que nos habían prevenido de mezclarnos públicamente con Sōka Gakkai, un grupo cuya superchería política en el país y tratos sospechosos en el extranjero ha proporcionado combustible al periodismo sensacionalista durante las dos últimas décadas o incluso más. Todo ello me recordaba la visión que se tiene de las iglesias cristianas en muchos lugares del mundo islámico e incluso de ciertas corrientes dominantes en el budismo del sudeste asiático. Pero sobre todo me recordaba la advertencia que Rudolf Harnack lanzó hará unos cien años atrás acerca de comparar una teoría buena de una religión con la mala práctica de otra.

En cualquier caso, la dura tarea de mi «orientación» era mostrar, al menos entre líneas, que el diálogo erudito no debe permitir ser dominado por la clase de cuestiones que preocupan al encuentro entre las religiones establecidas.

Esta conferencia fue publicada sucesivamente como「オリエンテーション」en『カトリックと創価学会——信仰・制度・社会的実践』[Catolicismo y Sōka Gakkai: Fe, estructuras, praxis social], ed. por el Instituto Nanzan de Religión y Cultura, Tokio, Daisan Bunmeisha, 1996, pp. 11–28. La versión inglesa apareció posteriormente en el *Bulletin of the Nanzan Institute for Religion and Culture,* 20, 1996, pp. 19–30.

El simposio que reúne hoy al Instituto de Filosofía Oriental y al Instituto Nanzan de Religión y Cultura es el último de una serie de encuentros que comenzaron como una aventura ambigua para todos los implicados en ellos. La forma y el foco de las discusiones, los cuales fueron decididos por todos nosotros en una consulta conjunta, estaban bastante claros: algunos miembros de los dos institutos de investigación se reunirían para discutir el significado de la creencia, la estructura institucional y la praxis social en nuestras respectivas tradiciones. En general, una serie de diez coloquios mantuvo este esquema y produjo un intercambio de información, esclarecimiento de malentendidos, subrayó muchos puntos de divergencia y fue, por lo general, fecundo como lo son este tipo de cosas.

Normalmente, sería mi deber en esta orientación para nuestro simposio de cierre apuntar las ideas directrices. Pero hay otro plan que debe ser abordado primero y que estaba más presente en este diálogo que en cualquier otro momento de nuestra experiencia pasada con otras religiones del Japón.

Desde el principio, todos los que estábamos involucrados nos dimos cuenta de que había un dúplice sentido incluso en nuestras discusiones más académicas. Por parte de Nanzan, esta fue la primera vez que probamos a discutir así con un grupo religioso organizado del siglo xx. Al habernos limitado en el pasado a las llamadas «religiones mundiales», nos hallábamos ante algo ya bastante inusitado. Pero dar un paso adelante y acoger como interlocutor a una de las «nuevas» religiones conllevó problemas adicionales. Para el Instituto de Religiones Orientales, la iniciativa fue todavía más audaz ya que representaba un primer esfuerzo conjunto por parte de estudiosos de Sōka Gakkai de llevar adelante un diálogo con sus colegas cristianos.

Ahora es el momento de hablar abiertamente sobre cuáles fueron algunos de esos problemas y examinarlos retrospectivamente, tras las discusiones y los intercambios que efectivamente han tenido lugar.

I

Para empezar, en Nanzan nos enfrentábamos al problema de qué grupo escoger. Por un lado, muchas de las nuevas religiones han solicitado activamente nuestra participación, como individuos o como centro de investigación, en conferencias locales e internacionales. En muchos casos, si no en la mayoría, estas invitaciones no procedían de una tradición erudita o un comité académico de esos grupos, sino de proyectos de relaciones públicas ligeramente disfrazados de interés académico. Esto no quiere decir que todos esos encuentros carecieran de valor académico, tan sólo que su principal objetivo no era la búsqueda de comprensión sino una muestra de alguna otra importancia simbólica.

Todo eso no pasa desapercibido a los estudiosos participantes que rápidamente se dan cuenta de todo (aunque el ofrecimiento de viajes y alojamientos gratis pueda obligarlos a cierto silencio en público), lo que me lleva a sospechar que tiene una mayor importancia simbólica para aquellos que no asisten a los eventos –los miembros del grupo religioso patrocinador y tal vez, en el mundo más amplio de quienes observan las actividades de las religiones. En cualquier caso, no parecía el lugar adecuado para comenzar.

Por otro lado, trabajando como estudiosos, entablamos relaciones amistosas con estudiosos de cierto número de nuevas religiones, incluyendo algunas que no están dispuestas a entrar en el diálogo religioso con el cristianismo en Japón o en ningún otro lugar. En otras palabras, mientras que el diálogo erudito y la cooperación han avanzado con individuos de esas tradiciones, ciegas a las diferencias durante muchos años, el verdadero diálogo entre distintos tipos de fe, entre sus tradiciones y la nuestra todavía no ha tenido lugar o ha sido dejado de lado. Fue desde el punto de vista de estudiosos que nos sentimos obligados a tomar una decisión.

El problema era el siguiente: habida cuenta de nuestra propia ausencia del diálogo formal en el pasado con las nuevas religiones, así como de la falta de diálogo entre las propias nuevas religiones en el ámbito académico, ¿la selección de un interlocutor sería percibida como un apoyo a un grupo y una crítica implícita a otro? ¿Se introduciría la dimensión de «relaciones públicas» a pesar de nuestras buenas intenciones y de las de nuestros interlocutores? ¿Correríamos el riesgo de ser utilizados de modo que se volviese casi sinónimo de ciertos movimientos religiosos nuevos cara a cara con el cristianismo, para propósitos fuera del diálogo en sí? Pues es un hecho que la presencia de estudiosos católicos comprometidos con el diálogo puede ser, y frecuentemente así ha sido, usada como propaganda contra la voluntad de personas como nosotros.

No debe olvidarse a este respecto el obvio interés de muchas nuevas religiones de Japón por mantener relaciones cordiales con el Vaticano y, en particular, competir con otras por recibir un tratamiento especial. Aunque no representemos como tal, o por delegación, al Vaticano, al mundo de la Iglesia católica ni siquiera a la Iglesia católica en Japón, estaba presente el peligro de que nuestros esfuerzos fueran percibidos como una opción política.

En el mismo sentido, existía cierto temor a que, de algún modo, estuviésemos aprobando, al entrar en el diálogo, muchas de las prácticas de proselitismo forzado y la violación de los derechos humanos por los que ciertas nuevas religiones habían sido criticadas por la Iglesia católica. No importa que esa crítica no haya sido siempre justa –el valor simbólico del diálogo podría ser fácilmente malinterpretado por parte de los católicos y cristianos dedicados al diálogo serio en Japón. Finalmente, había cierta angustia a dar un paso ingenuamente en la dirección del diálogo con una religión que pudiera dejar cicatrices en la comunidad cristiana, o entre aquellas tradiciones budistas con las que hemos mantenido un diálogo duradero, que nos pasara inadvertido en el Instituto Nanzan.

Claramente, las razones para limitarnos a las religiones clásicas y mundiales eran poderosas. Mientras que, personalmente, yo estaba decidido a no dejar que estos temores nos paralizaran, debo admitir que eran parte de lo que se cuestionaba en nuestra decisión de buscar una vía media, entrando en el diálogo académico formal con el que consideramos un centro de investigación académica seria y, en la medida de lo posible, hacer de eso un diálogo entre creyentes, pero entre creyentes que se reúnen como estudiosos.

Afortunadamente, el Instituto de Filosofía Oriental tenía la misma idea cuando presentamos nuestra propuesta. Dadas las relaciones en el pasado entre la Iglesia católica y Sōka Gakkai, los planes se desarrollaron sin incidentes, en un modo que ninguno de nosotros imaginaba que pudiese suceder. De este modo empezó el diálogo entre los dos Institutos.

Por parte del Instituto de Filosofía Oriental, sin duda, también había ansiedades. La más evidente es que la organización madre del Instituto, Sōka Gakkai, tradicionalmente se mantenía a distancia del diálogo entre distintos tipos de fe. Las razones para ello tendían a ser implícitas o por lo menos no se exponían ampliamente. Aunque tuve dificultades en hallar razones con las que pudiese simpatizar, no me resulta difícil, como católico, encontrar razones semejantes en nuestra propia tradición. Pues, pese a todos los esfuerzos que se han realizado por un diálogo abierto y justo con otras religiones, hay muchos que se oponen, y continúan oponiéndose a él alegando apostasía, o hay quienes han intentado utilizarlo como estrategia para sus fines expansionistas

Hay otro factor que forma parte del diálogo. La escisión de los miembros laicos del monástico Nichiren Shōshū significaba que estructuralmente Sōka Gakkai estaba atravesando una conmoción importante, para la cual se esperaba que la experiencia católica pudiera ser de alguna ayuda. De hecho, las decrecientes filas del clero, la dramática pérdida de estima y la disminución de los rebaños del «pastoreo» tradicional y cosas así, incluso en países tradicionalmente católicos, ha significado en efecto que muchos en la tradición católica hayan llevado a cabo esa escisión por sí mismos. En todo caso, la decisión del Instituto de Filosofía Oriental de entrar en diálogo era una audacia que procedía de sus propios miembros, no de la cima hacia abajo, y como tal representaba un acto de coraje y un riesgo de censura, muy parecido al de los predecesores del diálogo en nuesta tradición católica, en cuyos hombros nos apoyamos para gozar de las libertades de las que disfrutamos hoy.

Y tal vez, también, bajo la superficie de todo esto, hubiese algo del temor muy difundido mencionado antes a que, al fin y al cabo, los católicos se dedicara al diálogo como una estrategia misionera. Este temor no es completamente paranoico. Después de todo, el diálogo abierto del que disfrutamos hoy es resultado de una estratagema misiológica más bien liberal para la época, que circuló a mediados de siglo conocida como «preevangelización». La idea era que se deberían buscar signos preparatorios de apertura al cristianismo en religiones que no conociesen la Iglesia o el evangelio. Inicialmente, fue un paso osado, como resistencia a quienes dividían netamente el mundo entre los fieles y los paganos. Pero el objetivo final era el mismo: la conversión a una única Iglesia verdadera.

Esta actitud todavía prevalece y no ha escapado a la atención de quienes han sido su objeto. (En realidad, los mismos métodos también son evidentes en los movimientos budistas nuevos y laicos en las culturas predominantemente católicas como las de Sudamérica y Filipinas.) La crítica más enérgica procede de las regiones del mundo islámico, debido tanto a los planes culturales del movimiento misionero del siglo XIX, que sólo ahora están llegando a su fin, como a la actual inclinación fundamentalista. Como ven esas críticas al diálogo interreligioso, la ausencia de tentativas categóricas de convertir a otros al cristianismo enmascara una conversión más básica a una determinada idea de las relaciones humanas y un determinado modo de ser humano –un humanismo que históricamente ha sido el soporte del cristianismo. Esto no sólo alcanza a la esfera política y económica sino también a la dimensión racional y religiosa.

En resumen, prevalece la idea de que solamente una religión que sea autorreflexiva y autocrítica a la manera de la teología occidental es digna del ser humano a finales del siglo XX. Así, entrar en diálogo significa asumir esta actitud y, en cierto sentido, es todavía una especie de «pre-evangelización». Cuanto más se aproximen las religiones no cristianas a los métodos de la teología cristiana, más preparados estarán para entrar en la vanguardia del diálogo –pero, al mismo tiempo, probablemente estarán más cerca de ser absorbidos por el juego del lenguaje en el que el cristianismo tiene la ventaja de una larga tradición e historia. Esto es más evidente en las religiones sin escrituras sagradas o, por lo menos, eminentemente ritualistas, pero también en el caso de religiones basadas en principios filosóficos no europeos.

En Japón, esta cuestión sale a relucir y me gustaría pensar que eso es debido a que el diálogo pertenece a una tendencia más amplia en la teología cristiana que la de autorreflexionar sobre las predisposiciones helénicas y occidentales del cristianismo frente al budismo en particular. En verdad, el papel dirigente que el cristianismo japonés ha desempeñado en el diálogo interreligioso es, en parte, una función de su preocupación por enfrentarse a sus propios fracasos en la inculturación.

A medida que nuestras discusiones progresaban, estas ambigüedades deambularon de un lado a otro hasta que al final convergieron en un día de discusiones a puerta cerrada en el Instituto de Filosofía Oriental de Tokio el pasado mes de julio. Es a causa de estas discusiones que el asunto puede ser ventilado aquí sin animosidad o temor a ofender. Es una cuestión, en definitiva, de preocupación común. Retrospectivamente, no albergo duda alguna de que los creyentes en Sōka Gakkai del Instituto de Religión Oriental han sido los interlocutores que mejor se han adecuado al diálogo que nunca hemos tenido. Estoy convencido de que las discusiones actuales y las relaciones cultivadas pesarán más que los temores de ambos lados y los eclipsarán al haberse beneficiado del encuentro con el otro. Esta puede ser, en efecto, la mejor respuesta a las sospechas, que no pueden ser abordadas realmente por sí solas. En última instancia, la prueba del diálogo residía en dialogar.

II

Cada uno de los principales temas del simposio –la fe, la estructura, la praxis social– tendrá su propia sesión. Me gustaría dedicar el resto de mis comentarios a la cuestión de la relación entre el diálogo académico como el que nos ocupa, en calidad de institutos, y el hecho de que lo hacemos como miembros pertenecientes a una tradición religiosa particular.

Para empezar, quisiera exponer mi propia convicción con respecto a la religiosidad del propio diálogo interreligioso. Me parece que esa empresa de reunirse no es una mera conversación sobre religión, ni mera teoría religiosa, sino que es en sí un acto religioso. Contrariamente a la visión de que el diálogo, como estudio científico de la religión, requiere un distanciamiento de las propias convicciones a fin de crear una atmosfera de objetividad, o por lo menos de profesionalidad, hay una serie de convicciones que se ven fortalecidas en el diálogo como en ningún otro lugar. En referencia a esto, propondría tres comentarios:

1. *Al exponer las motivaciones para entrar en el diálogo interreligioso, por mucho que puedan citarse las escrituras, documentos y dichos de los fundadores, santos y sabios de la propia tradición religiosa, la actitud central del diálogo pertenece realmente a un sentido común sólido que hace posible cualquier reflexión sobre la realidad de la religión hoy.*

El simple hecho histórico es que el avance del espíritu científico en nuestro siglo consiguió mucho más de lo que dos siglos de enseñanzas religiosas, teología y filosofía fueron capaces de conseguir en cuanto a inculcar tolerancia con respecto a otras tradiciones religiosas distintas de las propias.

No es casual que estas instituciones religiosas y los pensadores que más han resistido al progreso de la ciencia sean también los que más rechazan las consecuencias del pluralismo religioso. El espíritu científico reposa en la convicción de que cualquier autoridad que tenga la razón humana, descansa en una interacción continua entre los hechos de la experiencia, la irritación de la duda y el alivio de esta irritación al llevar las cuestiones a un foro abierto. La civilización secular se ha vuelto dependiente de este espíritu, no sólo por el progreso de su conocimiento y tecnología sino también por una crítica a este progreso.

Dada la pluriformidad de la experiencia y la expresión religiosa humana, entrar en diálogo con alguien de otra fe no requiere más que un mínimo de buena voluntad y una consulta oportuna a ese sentido común. Negarse a hacerlo por principios, incluso si es por principios religiosamente motivados, es una ofensa a la razón.

Es más, alegaría que, al fin y al cabo, el rechazo a poner la propia fe en un contexto interreligioso de diálogo no puede estar basado razonablemente en una creencia religiosa o una revelación especial, sino que reposa en una decisión de aferrarse a las propias opiniones y eximirlas de su contexto más amplio. Esto no significa únicamente aferrarse tenazmente a dogmas particulares, sino aferrarse tenazmente a la opinión de que éste es el modo apropiado de creer. Esta tenacidad no es un acto más específicamente religioso que el acto de liberarse de ello. Esto entra en una desavenencia directa con el impulso social de nuestra naturaleza humana; como apertura a la verdad es una confirmación de nuestra naturaleza. Lo mismo vale en el caso de una institución que ve la autoridad moral como un modo de resolver el asunto de la verdad a priori, sin ser consciente de la pluriformidad de la experiencia y la comunidad de pensadores. Cualquier razón que rechace la autocrítica, de nuevo, por muy religiosamente que exprese sus motivaciones y fundamentos, no concuerda con el sentido común y la humanidad. El darse cuenta de esto es el principio del diálogo.

En nuestras discusiones, hubo muchos puntos en los que la lealtad a los propios cuerpos religiosos fue puesta en tela de juicio. A veces, estas contraposiciones eran justificadas como pertenecientes a una «opinión de la minoría» dentro de una tradición más amplia. Tal justificación, me parece, sólo cobra sentido si se acepta la alegación de la autoridad moral para fijar la visión mayoritaria y proscribir la duda racional a favor de la tenacidad de las creencias establecidas. En el contexto del diálogo, el sentido negativo de una «visión de la minoría», puesto que parte de la corriente principal de la tradición, está fuera de lugar. Por el contrario, en la medida en que el foro del diálogo sea verdaderamente abierto, tal conflicto con la tradición recibida y el libre intercambio de opiniones no son algo sospechoso, sino más bien la prueba de la humanidad de nuestra reflexión religiosa. Dicho esto, hay un segundo factor a considerar seguidamente:

2. *El diálogo interreligioso no puede ignorar la dimensión moral del hecho de que las religiones siempre han fomentado una admiración por la persona que puede descartar la razón, en aras de la sumisión a la autoridad de la tradición y de la fuerza, la simplicidad y la inmediatez de la tenacidad hacia sus propias creencias.*

Debido a que la autoridad y la tenacidad están ligadas más directamente a la acción moral que el método científico o la búsqueda radical de la verdad, las religiones han tendido a definirse en los límites de la razón. Hay algo en nuestra naturaleza que admira la bondad moral del creyente ya que, de algún modo, vale las renuncias del pensamiento racional. En el contexto del diálogo interreligioso, que es un proceso racional, con todo, la insistencia en hablar de un punto de vista de la fe es menos un argumento para la autoridad que una expresión de la convicción de que el impulso moral es un ingrediente esencial de la vida y la perspectiva religiosa.

En nuestras discusiones, emergía un sentimiento de que las preocupaciones morales no eran meramente una concreción o una consecuencia social de los ideales básicos, las enseñanzas, las instituciones tradicionales, incluso la fe personal de una religión, sino que pertenecían al núcleo primordial de la religión.

3. *El diálogo interreligioso no trata de contraponer los símbolos particulares de la fe, unos contra otros, para comparar sus respectivos méritos y deméritos, sino para una conversión mutua.*

Por conversión, entiendo articular en un lenguaje mutuamente comprensible una visión de la vida basada en estos símbolos, un sentimiento de cómo la evolución del propio sistema simbólico se ve enriquecida y desafiada por otros tipos de fe, y un intento conjunto de decidir qué es moralmente aceptable en la esfera social y qué no lo es. Es aquí donde el diálogo se vuelve propiamente un acto religioso.

En este sentido, el diálogo requiere un cambio en el modo en que las religiones individuales han pensado clásicamente la verdad. En la medida en que la fundación inquebrantable, no evolucionista y sólida de la fe es una revelación especial cincelada en piedra, que permite el acceso a hechos sobre el universo, de otro modo, no accesibles, el diálogo sobre la verdad religiosa sólo puede ser mero formalismo político o una estrategia pre-evangélica. Lo que es necesario es una conversión a un tipo de doble afiliación. Del mismo modo en que uno puede sentirse primero un ciudadano del mundo, y en segundo lugar un ciudadano de su propia cultura particular, así, también, la lealtad religiosa primaria puede ser el punto hacia el cual los distintos tipos de fe religiosa, juntos, se abran a una responsabilidad para con el mundo y a una fidelidad secundaria al conjunto de símbolos y revelaciones dentro del cual viven y piensan. Este punto de vista del diálogo, en el cual tan sólo juntando las dos lealtades puede pensarse la verdad y actuar la verdad, aunque no se limita al diálogo formal, debe estar presente.

Al decir que mi afiliación religiosa particular es secundaria no quiero decir que sea prescindible. En realidad, su indispensabilidad es el misterio más profundo de la religión: que nuestro sistema simbólico específico no se agote o reduzca a cualquier intuición o principio religioso sino que permanezca como un discurso religioso sine qua non. Tal como sucede con los sentidos, sin ellos no podemos comprender el mundo y sin embargo, no son los sentidos lo que es primario sino el mundo. De forma similar, no se puede ser ciudadano del mundo, recogiendo y eligiendo lo que se encuentra beneficioso en muchas culturas y lenguajes sin estar fundado en un lenguaje y una cultura. Mi cristianismo es mi lenguaje vernáculo sin el cual permanezco silencioso en el diálogo.

Referente a esto, resaltaría que la «adecuación» de un interlocutor para el diálogo no es, en definitiva, directamente una cuestión de las respectivas fuerzas institucionales. Esto es porque, en última instancia, el diálogo no tiene lugar entre instituciones –tradiciones rituales o teológicas, conglomerados financieros, regímenes políticos– sino entre aquellos individuos representativos, pocas veces lo suficientemente dignos de lo que tienen que representar, quienes en cierta medida aceptan la responsabilidad de preservar dichas instituciones.

No es cuestión de una falta de paridad en el diálogo simplemente resultante de una disparidad en la duración de la historia de la propia institución, la originariedad de su aparición, la presencia o ausencia de una tradición escriturística o del sacerdocio, o incluso su número de afiliados. En el caso de Sōka Gakkai y el cristianismo, es claro que la Iglesia católica es más fuerte institucionalmente en el mundo, pero dentro de Japón los papeles se invierten.

Tal diálogo no tiene lugar meramente entre individuos, sino entre individuos representativos, esto es, individuos que no cuentan sencillamente con sus propias visiones y reflexiones sino que reconocen como críticos los límites impuestos a la autocomprensión y la autodeterminación por las circunstancias presentes y pasadas. La referencia constante a nuestra respectiva historia y los cambios en curso no era una distracción, sino un ingrediente necesario de lo que estábamos intentando llevar a cabo. El diálogo exitoso es una actitud religiosa de la mente que construye una comunidad de fe que atraviesa los límites tradicionales, una comunidad que es completamente religiosa y cuya cooperación es todavía más importante porque no es institucionalizada.

La mutua conversión tiene lugar en una comunidad de fe unida contra el mal hábito que Rudolf Harnack llamó «comparar la buena teoría de una religión con la mala práctica de otra». Aunque este tipo de razonamiento no debe ser descartado en un buen número de conversiones de individuos de una fe a otra, lo apropiado en el diálogo es intentar encontrar una armonía entre las propias teorías y la propia práctica. Es una búsqueda común que se puede llevar a cabo mejor si puede asegurar la ayuda a los demás.

Esta cuestión de la conversión mutua a través del diálogo a un tipo de interreligiosidad y su idea más amplia de la verdad religiosa no ha surgido directamente en las discusiones a lo largo del año. En otro sentido, la cuestión de ensanchar las lealtades religiosas allende la propia afiliación particular y despertar a la necesidad del apoyo mutuo en cuanto a la praxis moral permaneció bajo la superficie todo el tiempo. Para concluir, me gustaría tratar este asunto en términos más concretos.

III

La propia idea de «conversión» implica tanto un despertar a la realidad como un reajuste de los hábitos de comportamiento. Decir que la conversión es «mutua» no significa que es un tipo de declaración o acción conjunta a la manera de un tratado o un contrato, sino que cada parte está íntimamente involucrada en el proceso de cambio de la otra. Esto no es sólo una cuestión personal, sino una cuestión que afecta a la estructura de las instituciones religiosas. Me gustaría destacar seis puntos en la orientación para la conversión que atañen, directamente y en un sentido interreligioso, a la religión institucional, incluidos, por supuesto, el catolicismo y Sōka Gakkai.

Cada una de estas orientaciones está motivada no sólo por la vieja nobleza de las ideas halladas en las tradiciones religiosas de todo el mundo, sino también por la persistente ignominia del fracaso de las religiones organizadas en estar a su altura. Todas ellas unidas sugieren que parte del propósito de cultivar las disciplinas del diálogo interreligioso es proteger la actividad religiosa contra la posibilidad de ceder ante su lado oscuro. Cuanto más tiempo las instituciones religiosas se unan en el diálogo, no sólo para intercambiar información sino para participar en una actividad religiosa que afecta el modo en que un cuerpo religioso se conduce en la historia, más visibles serán los peligros de aislar una tradición religiosa de otra. El caso de Aum Shinrikyō es un ejemplo grotesco de lo que puede suceder cuando un cuerpo religioso se distancia deliberadamente de la comunidad de otros cuerpos religiosos. En tanto que su liderazgo perdió el contacto con los ideales religiosos y convirtió su desesperanza enmarañada en las sombras del orden del día económico y político, la piedad de sus miembros de base se alistó en el servicio de la peor clase de destrucción social. Por extremas que fueran las consecuencias, el modelo básico del proceso no es desconocido en la historia de la religión. Las tácticas misioneras de persuasión mediante la capacidad de impresionar financiera o institucionalmente, las presiones morales a cumplir sin cuestionar decisiones institucionales, el imperialismo cultural, la extorsión política y cosas por el estilo son armas familiares a las tradiciones del catolicismo y Sōka Gakkai. La cuestión que me interesa aquí es que el diálogo no puede avanzar sin obligar a los participantes a afrontar estos problemas perennes en lo concreto, a la luz de nuestros respectivos ideales y escrituras. En este sentido, quisiera observar que si hay un elemento distintivo que la tradición cristiana ha aportado al diálogo con otras religiones es la voluntad de enfrentarse a la pecaminosidad inherente a nuestras instituciones y el deseo de ver la corrección o la incapacidad de corregirse como algo que afecta al papel de la religión en la sociedad como un todo. Si no es inapropiado decirlo, añadiría que esa es una actitud que nuestros colegas budistas en general, incluyendo grupos budistas como Sōka Gakkai, aún no han aceptado plenamente en el diálogo. Dicho esto, paso a ocuparme de los puntos de orientación a la conversión religiosa.

Primero, el diálogo está orientado a mejorar nuestra comprensión y apreciación de una historia religiosa de la humanidad más amplia. Si como creo, los creyentes reclaman hoy, en cierto sentido, como herencia legítima la plena riqueza de las intuiciones religiosas, esto requiere un esfuerzo consciente para dar a conocer mejor esta herencia. El asumir esto como una tarea del diálogo implica que la verdad y la autocomprensión de una vía religiosa se aprenden mejor de quien cree en ella y la practica, no de quien no lo hace; y significa reconocer la necesidad de confrontar a los fieles de una tradición con los maestros de otra. En otras palabras, si el diálogo es un acto religioso, y no meramente un área para demostrar la pericia de los especialistas, su religiosidad no debe convertirse en un privilegio especial de un cuerpo selecto de expertos. Requiere que se convierta en un aspecto permanente del modo en que transmitimos nuestras respectivas tradiciones de una generación a la siguiente.

Segundo, el estado dialógico de la mente se orienta en dirección a aplacar las hostilidades entre las religiones de un tamaño y poder tal que las vuelva capaces de generar, inspirar o incluso, apoyar la guerra. Esta fue una de las ideas directrices tras la llamada a una «ética global» que se destacó prominentemente en el Parlamento de las Religiones del Mundo celebrado en Chicago el año pasado. Mientras que el número de tradiciones religiosas a las que esto se aplica es bastante restringido, su fuerza institucional es suficiente como para quedar inmune a las críticas de tradiciones religiosas menores, menos «desarrolladas». Bien podría ser que cuando las instituciones –incluso instituciones religiosas basadas en ideas de simplicidad, paz e igualdad– cruzan cierto umbral de tamaño y riqueza, no pueden evitar introducirse en el área del bienestar político y económico. De ser así, la promoción de la paz por parte de creyentes individuales dentro de estas instituciones y el avance del contacto interreligioso con tradiciones menores no involucradas en la misma medida se vuelven cruciales. En la guerra, como en tantos otros ámbitos, es ingenuo confiar la ejecución de una ética global a las instituciones globales más poderosas. El diálogo entre religiones debe trabajar para despertar a las religiones más institucionalistas a esta realidad.

Tercero, el diálogo está orientado hacia el ecumenismo con facciones, denominaciones y sectas que componen la afiliación religiosa primaria. El ecumenismo cristiano ha hecho grandes avances en estos últimos cincuenta años, y los signos de cooperación ecuménica entre los budistas de los diferentes países así como sus convicciones son esperanzadores. Por el contrario, el contacto entre los nuevos grupos cristianos, comenzando por los que se incrementaron en la última mitad del siglo pasado, es insuficiente. Las mismas animosidades y competitividad que los mantuvieron separados pueden detectarse en los nuevos grupos budistas del Extremo Oriente. En el caso de Japón, por ejemplo, mientras que muchos grupos hacen lo posible por entrar en diálogo con religiones no-budistas, no consiguen mantener un diálogo con sus colegas budistas. Estoy convencido de que sin un progreso en el ecumenismo intrarreligioso, no hay esperanza de que los logros alcanzados por el budismo y el cristianismo en el diálogo académico conmuevan el alma de nuestro tiempo.

Cuarto, el diálogo está orientado hacia la promoción del pluralismo religioso. Al contrario de lo que pueda parecer desde fuera –y donde la religión establecida está involucrada, recuérdese, el diálogo todavía es visto ampliamente como una actividad esotérica– no aborda a la ligera la cuestión de las fundaciones doctrinales. Justo al contrario, esas cuestiones se tendrán siempre en mente. Y precisamente porque lo hace en un contexto interreligioso, no puede dejar de plantear cuestiones de prejuicios culturales e históricos enquistados en la comprensión doctrinal. Cuanto más se hace por entender la especificidad del propio medio religioso en el contexto más amplio de la historia religiosa del mundo, más conduce a apreciar el pluralismo y la variedad dentro de la propia fe elegida. Esto es un subproducto importante, incluso esencial, del diálogo interreligioso. Al mismo tiempo, la búsqueda de cuestiones doctrinales en un contexto de apertura al diálogo puede llevar siempre a algunos individuos a un cambio de afiliación. Aunque esto ocurra con menos frecuencia de lo que se pueda suponer, es una señal de salud y honestidad del diálogo que tales conversiones ocurran de vez en cuando: cristianos que se convierten en budistas, budistas que se convierten en cristianos, cristianos y budistas que cambian una denominación por otra. En tanto que tales personas mantienen su compromiso de dialogar con ella, pueden prestar un servicio a la religión que han «dejado» que quizá nadie más pueda prestar.

Quinto, el diálogo está orientado no hacia una eliminación de todo proselitismo y enseñanza de la propia fe, sino a una conversión de los medios de expansión. Del mismo modo que el fin de la era colonial no significó un fin de la diseminación de lenguas y culturas particulares por el mundo, así también, las religiones deben considerar, en el diálogo, nuevos medios para llegar a todo el mundo con sus enseñanzas. En el caso de la tradición católica, la teoría misiológica todavía está atascada en el siglo pasado, pero un reconocimiento de la verdad «pre-evangélica» de otras religiones para la enseñanza del cristianismo, unido a un reconocimiento de la verdad pre-evangélica del cristianismo para otras religiones, es esencial si queremos florecer en un mundo pluralista e interreligioso. Del mismo modo que las enseñanzas cristianas nunca alcanzarán el alma del Japón sin construir sobre la religiosidad indígena de su pueblo, tampoco los grupos budistas activos en Occidente alcanzarán realmente el alma de Occidente sin una comprensión de sus muy distintas raíces religiosas. Ver este proceso como algo que alentar en vez de como una competición que hay que temer es una tarea que aguarda al diálogo interreligioso en los próximos años.

Sexto y último, el diálogo está orientado en el sentido de una conversión a la autocomprensión a través de la dedicación mutua a los textos sagrados del otro. Además de la reflexión mutua al nivel de la praxis moral, hay también una necesidad de impulsar más las lecturas budistas de las escrituras cristianas y a la inversa. Esto a su vez requiere un cambio de corazón respecto a la «autoridad» sobre la tradición textual. Si admitimos que el creyente cristiano, por ejemplo, puede entrar en el espíritu del Nuevo Testamento de un modo que no puede el estudioso que se abstiene de la fe para ser objetivo, y que ambos son necesarios para «entender» las escrituras, entonces, ¿no puede ser que el creyente budista pueda, de algún modo, complementar nuestra comprensión al leer el texto con los ojos de otra fe? Por el contrario, ¿no pueden las sensibilidades cristianas iluminar los sūtras budistas de un modo instructivo para el creyente budista? Emocionalmente, las posibilidades de ser instruido en la propia fe por aquellos de otra es difícil de aceptar. Sin embargo, mientras que una conversión tal no sea realizada, la dimensión religiosa del diálogo nunca podrá ser completa.

Seis sūtras sobre el diálogo entre religiones

El año 2000, el Instituto Nanzan de Religión y Cultura celebró el aniversario de los veinticinco años de su fundación oficial. Para conmemorar la ocasión, solicitamos a los miembros actuales y antiguos del Instituto unos ensayos para una colección especial. Lo que sigue es mi contribución.

Hacía mucho tiempo que me parecía que la biblioteca de materiales teológicos, siempre creciente, sobre la naturaleza, las reglas y la espiritualidad del diálogo interreligioso era más un estorbo para la actividad real del diálogo que una ayuda. Cuanto menos me gustaba la idea de añadir otro ensayo sobre qué es el diálogo y qué significa, tanto más sentía que era el momento de dejar al margen mis prejuicios y aclarar mis propias ideas sobre la cuestión.

Había dos puntos fundamentales, en particular, que me parecían ausentes de la literatura que conocía. El primero era que, para exponer las motivaciones para entrar en el diálogo entre distintos tipos de fe, por mucho que se citen las sagradas escrituras, documentos y los dichos de los fundadores, santos y sabios de la propia tradición religiosa, la actitud central del diálogo pertenece de verdad al sensato sentido común que hace posible cualquier reflexión sobre la realidad de la religión hoy. Y el segundo, que el diálogo interreligioso no consiste en poner los símbolos particulares de una fe frente a los de otra para comparar sus relativos méritos y deméritos, sino para que se produzca una conversión mutua.

Con este telón de fondo, intenté desenredar seis hilos del complejo de motivaciones, sentimientos e ideas que habían impulsado el trabajo del Instituto Nanzan y de otros como él.

Originalmente publicado como「宗教と宗教の対話につての六経」en『宗教と宗教の《あいだ》』[Entre religión y religión], ed. por el Instituto Nanzan de Religión y Cultura, Nagoya, Fūbaisha, 2000, pp. 362-378.

Aquí no se van a aportar pruebas acerca de la importancia del diálogo entre religiones. Para los que están involucrados en él, la prueba reside en la experiencia. Para los que necesitan argumentos racionales, hay toda una literatura sobre el asunto disponible en varios idiomas. Para quienes la experiencia o las convicciones les han llevado a pensar de otro modo, nada de lo que tengo que decir aquí logrará persuadirlos de cambiar de idea sobre la cuestión. Mi preocupación aquí es otra.

Dicho esto, no siempre me parece tan evidente que los defensores y los críticos del diálogo hablen de lo mismo. Eso no es un lamento; es la propia naturaleza del diálogo la que hace que sea así. No hay ningún marco en el que se pueda juntar cierta clase de ideas y actividades para tildarlas de pertenecientes al concepto del diálogo. Y tampoco hay ninguna altura privilegiada desde la que se puedan observar las interacciones entre las religiones y generalizar definiciones o normas. Todo lo que decimos sobre el diálogo –incluso en sus formas más racionales– debe ser dicho en pleno diálogo. No es una habilidad profesional ejercida en comité y supervisada por alguna autoridad superior. Es una aventura de ideas.

La experiencia nos enseña rápidamente lo que sucede cuando se encuentran diferentes vías religiosas a través del coloquio vivo de sus creyentes: raramente cumple las expectativas y predicciones de los participantes. Los resultados son a menudo más fortuitos y fragmentados que sistemáticos. El mayor impacto acostumbra a sentirse más en el giro llamativo de una idea familiar, un hecho pasado por alto o un sentimiento imprevisto, que en un consenso intencionado o un esclarecimiento de las diferencias. Eso no quiere decir que el foro de personas de diferentes tradiciones religiosas que se internan en la discusión de asuntos de interés común sea poco más que una charla amistosa entre vecinos. Significa sólo que en el encuentro de religiones, los mejores frutos, incluso del coloquio más riguroso y más disciplinado, tienden a surtir en los espacios entre el choque y el clamor de las ideas y las herramientas intelectuales, para brotar y madurar en otra época y en otro lugar, a menudo sin signo aparente de su origen.

Esto está muy bien para los diálogos particulares, pero cuando se trata de hablar sobre todo del espíritu de la iniciativa del diálogo como tal y avalar sus propiedades e impropiedades, se ansía algún tipo de definición de términos. Si, de hecho, hay alguna transformación de perspectiva en curso, y si es, de hecho, parte de un cambio más amplio en la conciencia religiosa, entonces, hemos de poder hacer una pausa de vez en cuando a fin de verificar que no es ilusoria o engañosa. Dejar de hacerlo significa abrirse a la influencia de propósitos ocultos, a una confirmación ingenua de las ideas de moda o a la simple conquista de un conjunto de certezas por medio de otros.

Así, tenemos aquí dos cuestiones entrelazadas. Primero, necesitamos algunos parámetros para delimitar lo que entendemos por diálogo interreligioso; y, segundo, tenemos que considerar qué hace que el diálogo sea verdadero y qué lo vuelve falso.

Respecto a la primera, confío en que el lector no considerará una falta de modestia de mi parte si aprovecho la ocasión del vigesimoquinto aniversario de la fundación del Instituto Nanzan de Religión y Cultura para caracterizar en qué consiste el diálogo interreligioso como *por lo menos, lo que el Instituto Nanzan ha venido haciendo.* O quizás dicho con más humildad y menos riesgo de autocomplacencia, el papel que hemos desempeñado en el diálogo no es más que una faceta de un fenómeno multifacético y todavía creciente.

Sin embargo, mi enfoque aquí exige una declaración más osada de este presupuesto que lo que cuenta nuestra experiencia en la larga historia del diálogo. Yo obviamente formo demasiado parte del fenómeno como para reivindicar algún tipo rígido de objetividad a este respecto, pero en la medida en que el Instituto Nanzan fue establecido como centro para el diálogo interreligioso y se ha mantenido durante un cuarto de siglo con ese objetivo en mente, y en tanto que esta conducta coincide con el que es quizá el esfuerzo más largo y continuado en la historia para hacer que las religiones dialoguen unas con otras, entonces, parece justo reivindicar nuestra propia historia como, en cierto modo, representativa de una parte indispensable del diálogo.

Nuestra contribución a la aventura ha sido intelectual. No encuentro razón alguna para rechazar las críticas según las cuales las religiones son bastante más que una doctrina o una autocomprensión racional, y que el diálogo centrado en textos e ideas y comprometido con los principios del discurso racional es parcial. De hecho, la red más amplia de actividades interreligiosas en que hemos participado en Japón y Asia y alrededor del mundo ha demostrado que el nuestro es sólo un bordado en una tapicería mucho más vasta. Pero el diálogo intelectual ha formado parte de nuestra historia y prefiero hablar según lo que he visto y oído, aunque esto comprometa algunas de las generalizaciones siguientes.

El diálogo interreligioso en el foro intelectual es el diálogo en el sentido más literal del término: las personas de una creencia religiosa conversando con personas de otras creencias. Aunque el marco sea definido por las exigencias del argumento racional, el diálogo está motivado por un deseo que es todo menos puramente racional, es decir, el deseo de entender mejor la dimensión religiosa del ser humano en toda su diversidad. El foco de la conversación es variable, así como su formato, pero la pura y simple intención de ayudar a otro a pensar con más claridad y mejor informado sobre algo que nos pertenece a todos nosotros, como parte de nuestra naturaleza común, continúa siendo el permanente y todavía evasivo ideal.

Lo que distingue el diálogo interreligioso del estudio académico de la religión o de una mera ampliación del horizonte de comprensión es la convicción de que hay algo más en la propia comprensión religiosa que el ejercicio de la razón sobre una determinada clase de fenómenos –algo que nos absorbe más por ser indecible que por nuestra capacidad de captarlo en palabras. El centro del diálogo está envuelto en lo que podemos denominar, *ignotium per ignotius,* misterio. Éste, al menos, es el punto de vista a partir del que he elaborado las sucesivas observaciones.

Al mismo tiempo, admito libremente que el tipo de diálogo interreligioso que tenemos en Nanzan puede ser considerado un lujo si se compara con el modo en que va el mundo. A pesar de los progresos que ha hecho la civilización en cuanto a las herramientas que usa para trabajar, comunicar y entretenerse, hay indicios de que la calidad de esas actividades culturales básicas se ha deteriorado, de que parece haber una correlación inversa entre la sofisticación de nuestras herramientas y la distribución de la riqueza que nos proporciona el acceso a ellas, y que la religión organizada parece haber hecho las paces con la contradicción de sus principos. Acudir al foro del diálogo libre, nada cohibido por la responsabilidad directa para con el orden mundial, es un privilegio, la única justificación posible para cuyo ejercicio sería lo que sucede en la historia en torno al diálogo. Esto, también, es algo que tengo en mente en lo que viene a continuación.

Respecto a la segunda cuestión, acerca de cómo evaluar la veracidad del diálogo interreligioso intelectual, me gustaría ofrecer varias proposiciones en forma de hilos con los que tejer la mayor tapicería del encuentro entre religiones. En sí mismos, estos hilos –o en el término sánscrito, sūtras– son finos y se rompen fácilmente con los tirones del huso. Necesitan ser trenzados para ser trabajados en el telar. Con esto no quiero decir que ofrezca una metodología sistemática y menos aún un conjunto de reglas para el diálogo intelectual entre religiones. Sólo deseo exponer una serie de reflexiones relativas a la cuestión de qué hace que un diálogo sea verdadero, reflexiones expresadas desde el punto de vista de un participante cristiano.

Otros miembros de la comunidad de estudiosos que han formado parte del Instituto Nanzan, sin duda, se expresarían de forma distinta o pondrían el acento en otros lugares. Posiblemente, tendrían algo que objetar a alguna de esas declaraciones. Hemos sido un grupo demasiado heterogéneo como para pretender más que una orientación común. Los errores y omisiones que nos han acompañado a lo largo del camino pertenecen también a esta historia, pero aquí debo dejarlos al margen. Mi idea es deambular entre las líneas de la historia de la institución en busca del espíritu del diálogo al cual ha sido nuestra intención servir.

Sūtra 1. **El espíritu del diálogo interreligioso no necesita nacer de una tradición para renacer en ella.**

Cuando el cristianismo se encuentra con otras religiones hoy, lo hace desde la clara ventaja de la literatura existente sobre el diálogo. No hay ninguna otra religión del mundo que se pueda comparar con la suma de reflexión teológica sobre el tema que encontramos diseminada por todo el mundo cristiano. Con todo, es necesario rechazar la declaración de que la inspiración básica para dialogar con las religiones de Japón –el shintoísmo, el budismo, la religiosidad popular y los nuevos movimientos religiosos–, o de hecho en todas partes, nace de la escritura o el magisterio de mi propia tradición. (Tampoco encuentro ninguna evidencia de que algunos de los interlocutores que hemos tenido pudiesen hacer tal reivindicación en nombre de su propia tradición.) Al contrario, puede decirse que los pioneros del diálogo tuvieron que contender en todo momento con una barrera de pasajes bíblicos y de creencias tradicionales que los censuraban por lo que estaban haciendo.

En el caso del Instituto Nanzan, el aire ya estaba límpido cuando la pala horadó la tierra para preparar el terreno de cara a las construcciones. Por este reverso de sentido que ha traído consigo el diálogo para estar a la vanguardia de la reflexión teológica y prestar el peso de la tradición a este esfuerzo, da la impresión muchas veces de que el diálogo es una aventura distintivamente cristiana. Los hechos de esta cuestión exigen una actitud más modesta.

El cristianismo no partió por iniciativa propia para dialogar con las grandes religiones del mundo. Unas pocas personas visionarias percibieron el cambio que estaba teniendo lugar en la conciencia secular relativa a la promesa de la diversidad religiosa. Lo reconocieron como algo de importancia espiritual, se involucraron en la posición contraria y perseveraron hasta que fuera el momento de que la propia religión institucional asumiese el espíritu del diálogo en nombre de su propia herencia perenne. Cuando el Concilio Vaticano II hizo sus pronunciamientos de apertura a las religiones no cristianas y para la libertad religiosa –bastante tímidamente para los patrones actuales– no estaba *iniciando* un cambio de corazón sino *reconociendo* su presencia. Ese reconocimiento sin duda marcó un momento clave en la historia del diálogo, pues tomaba partido por quienes abrían camino para que los cristianos reconocieran la verdad en otros caminos religiosos.

Si el cristianismo tuvo que apresurarse para alcanzar el siglo en la aceptación del desafío de la diversidad religiosa, ahora se encuentra en la vanguardia con números significativos. No es la ausencia de persecución la mayor prueba de que el espíritu del diálogo ha renacido en el cristianismo. Es más bien la reinterpretación de la tradición religiosa para explicar la apertura a otras creencias como una consecuencia natural de nuestra propia fe. Figuras olvidadas del pasado, cuyas ideas sobre el diálogo habían sido marginadas, son ahora presentadas en el centro del escenario con orgullo. No hay razón para acusar a los teólogos del revisionismo histórico; ése es el modo en que las tradiciones religiosas han tendido siempre a funcionar.

Mucho más importante para el cristianismo, y en efecto para cualquier otra religión, que el hecho de que el diálogo no naciera directamente de su propia tradición es el estar *renaciendo* en ella, que el peso de una tradición antigua esté ahora *tras* los esfuerzos de una idea de tanta importancia y de tan largo alcance para la comunidad humana como un todo, en vez de ser colocada *frente* a ellos como una barrera. Y en la medida en que esto pueda llevar a otras vías religiosas a emular la búsqueda de ese espíritu en sus propias tradiciones, el valor del renacimiento se verá intensificado.

Sūtra 2. **El diálogo es principalmente una empresa de minorías que está libre de las obligaciones de la religión institucional.**

Aplaudir el estímulo que la religión institucional da al diálogo en general no quiere decir que la presencia de las instituciones religiosas sea esencial para el diálogo a todos los niveles. Está claro que este es el caso del diálogo intelectual. Estar en el foro del diálogo es figurar como alguien que profesa una fe particular y, en este sentido, figurar como un representante de esa fe, por más amplia o limitada que sea la gama de conocimientos que aporte. Pero no es figurar como representante de las exigencias institucionales de esa fe. El trabajo del diálogo prospera mejor cuando se ve libre de las exigencias de las instituciones oficiales. Dicho al revés, la representación de intereses y normas institucionales tiende más bien a inhibir la libertad de pensamiento que es el alma del diálogo intelectual. No se deja la fe en la puerta de entrada, pero se deja allí gran parte de la religión, incluida la dimensión de las obligaciones institucionales.

Al mismo tiempo, como las obligaciones concretas frente a la religión institucional son mantenidas fuera del diálogo, la idea de la religión institucional no puede nunca estar lejos de la discusión de la religión. Aun en sus alturas doctrinales más etéreas, el discurso religioso está imbuido en la historia, tanto por sus estructuras políticas y económicas visibles como por la conciencia de sus fieles. El discurso y la historia son siempre correlativos. Sin embargo, de la misma forma que la experiencia religiosa privada, a pesar de su relevancia, no puede ser asunto de una discusión racional a menos que sea abstraída del sujeto de la experiencia, así también las preocupaciones por mantener las estructuras religiosas deben ser abstraídas al nivel de su ideal para poder ser discutidas. Desde el punto de vista de la religión institucional, el diálogo es siempre, en cualquier momento, una empresa minoritaria, inadecuada para las plenas exigencias de una tradición religiosa.

Sūtra 3. **El propósito del diálogo consiste en no tener propósito.**

En el mundo cristiano, las comisiones interreligiosas y los cursos sobre el diálogo han ayudado a esta empresa a encontrar un lugar en el mundo académico y las instituciones eclesiásticas en todo el mundo. El fenómeno es especialmente perceptible en el cristianismo, pero afortunadamente no sólo en él. Por más significativo que sea este desarrollo, no lleva a la conclusión de que el propio diálogo, especialmente el diálogo intelectual, deba cargar con un programa exterior al diálogo, ya sea directamente relacionado con el sistema religioso o no. La tentación de hacerlo es enorme.

Piénsese, por ejemplo, en las iniciativas para vincular el diálogo entre las religiones a alguna forma de «ética global». Para las religiones del mundo, comprometidas con los conflictos armados, esta iniciativa, en tanto que representa un paso importante para la paz mundial, es en sí bastante loable, como lo es la colaboración entre religiones contra las violaciones sistemáticas de los derechos humanos y la injusticia estructural. Tal programa entiende el diálogo en la forma de un grupo de presión o un destacamento especial, y difiere del diálogo entre naciones y corporaciones en términos de motivaciones pero no en términos de estructura. Sin embargo, eso no implica que *todo* diálogo deba encajar en un programa como ese para ser verdadero. Al contrario, coincido con mi predecesor Jan Van Bragt en la definición de los propósitos del diálogo intelectual como ser «sin propósito».[1]

La insistencia en una forma del foro del diálogo libre de objetivos exteriores no contradice esos objetivos. Sólo afirma que la claridad de pensamiento es proporcionada *también* por un entorno que se distancia de las insistentes preocupaciones del presente. Es obvio que tal retirada es impotente en lo concreto, al carecer de una orientación histórica. El decir que tales cosas no son sus preocupaciones inmediatas, no significa que dichas preocupaciones no deban ser consideradas en el diálogo o en algún otro foro. En otras palabras, declararse sin propósi-

---

1. Jan Van Bragt, 「諸宗教対話の諸問題」 [Cuestiones en el diálogo interreligioso], Instituto Nanzan de Religión y Cultura, ed., 『宗教と文化——諸宗教の対話』 [Religión y cultura: el diálogo entre religiones], Kioto, Jinbun Shoin, 1994, p. 45.

to puede ser mantenido solamente si consideramos el foro del diálogo como un ascetismo deliberado pero provisional. El diálogo intelectual no es un estado permanente de identidad religiosa o incluso de reflexión religiosa. El diálogo no tiene por objeto ser la plenitud de la creencia religiosa junto a la práctica religiosa. Tampoco es un «ingrediente» permanente de la autocomprensión religiosa ordinaria. El foro del diálogo por sí mismo sólo está subordinado a cuestiones más amplias de la identidad histórica y la moral simplemente porque la actividad del foro no está subordinada a nada. Igual que el juego pierde su carácter lúdico cuando es sometido a un fin otro que el propio juego, el diálogo florece en su falta de propósito.

Por la misma razón, es un error considerar el desarrollo del diálogo como un trabajo de especialistas entrenados. El diálogo tiene más éxito como resultado de la experiencia que de la pericia. Los intentos por establecer «reglas básicas» específicas para el discurso inteligente entre creyentes de diferentes tipos de fe generan inevitablemente un sacerdocio de expertos para controlar los resultados de tales encuentros y evaluar su éxito o fracaso. Para evitar esto, se necesita entender el diálogo como un bien en sí, cuya finalidad es no servir a ninguna otra finalidad.

Sūtra 4. **El diálogo es selectivo en cuanto a la tradición y puede requerir incluso prescindir de la tradición.**

Cuando una tradición doctrinal se encuentra con otra, no hay obligación de representar la totalidad de la tradición en el cuadro. Lo que podría comprometer la integridad de alguien en las discusiones teológicas o en la historia comparada de las ideas –donde todo el cuadro o, al menos, una perspectiva sobre él, es siempre potencialmente relevante– no representa el mismo peligro para el diálogo interreligioso. La cuestión de Dios, por ejemplo, no exige que los cristianos insistan en la doctrina de la trinidad; cuando se habla de salvación, puede no ser necesario representar las teorías del alma y del juicio final. Al enmarcar una cuestión para la discusión en común, el número de detalles dejados en la penumbra es mucho mayor cuando un cristiano habla con un shintoísta, un budista o un taoísta, que cuando habla con otros cristianos y viceversa. Realmente, nada es más sofocante en el diálogo que tratar de inundar la discusión con detalles en busca de la fidelidad a la tradición. Mientras la preocupación por la claridad de pensamiento sobre la dimensión religiosa del hombre sea prioritaria, la aclaración de la tradición será secundaria. No me cabe la menor duda de que esto último es importante y que la discusión interreligiosa tiene mucho que ganar con ello. Tan sólo pretendo sugerir que el diálogo es más fecundo cuando los participantes quedan dispensados de la obligación de representar la tradición en su totalidad. Esta ascesis es bien conocida por quienes se unen a otros religiosos en causas sociales. Creo que también puede tener lugar en el diálogo intelectual.

Como corolario a esto, debe mencionarse el problema del fundamentalismo. Por mi parte, no creo que el fundamentalismo sea una posición racional aceptable, pero tampoco creo que la única opción sea tratarlo al mismo nivel que la intolerancia. Allí donde están implicadas las discusiones teológica y filosófica, el fundamentalismo no puede tener en modo alguno un lugar. Pero en el diálogo entre creyentes religiosos, la ausencia de recurso a doctrinas diferentes, que son en principio rechazadas por la posición fundamentalista, no marca el fin del diálogo. Es más bien la prueba última de su núcleo interno.

En el acuerdo básico de que hay en nosotros un impulso natural a saber más del misterio que rodea la vida, y que la creencia y la práctica religiosa son, en cierto sentido, un intento de responder a este impulso, debería ser posible tolerar la dispensa de las afirmaciones doctrinales específicas de la fe de cada uno, a fin de ampliar el campo del entendimiento común, proporcionado por las condiciones discutidas en los otros sūtras expuestos aquí.

Aunque tendemos a asociar el fundamentalismo con una posición establecida y comprehensiva, es más fácil hallarlo como una dimensión de toda tradición articulada. Aquí, también, el énfasis en el diálogo debe ser recuperar una religiosidad humana básica desde dentro del fundamentalismo, como la única cura posible para la intolerancia, y no en afirmar la propia lealtad doctrinal a toda costa.

Sūtra 5. **El diálogo es una actividad religiosa, pero no conduce ni a una conversión religiosa ni a una convergencia religiosa.**

Por un lado, los críticos del diálogo intelectual, con su preferencia por el dominio del discurso lógico sobre la completa representación de la tradición y su distancia de las instituciones establecidas, claman frecuentemente que el diálogo es una tentativa camuflada de fundir tradiciones religiosas existentes, una en otra, en sus puntos de contacto. Por otro, los críticos del predominio de la presencia cristiana en el diálogo se lamentan de que es un intento camuflado de convertir a las otras religiones a la doctrina cristiana o, al menos, al modo cristiano de entender la doctrina.

El diálogo intelectual, como he insistido antes, siempre es más que un foro de debate intelectual o intercambio de información entre expertos versados. No es meramente *sobre* la religión a la manera de la filosofía, psicología, sociología o historia de las religiones, sino que, en un importante sentido es *en sí*, un acto religioso –un ejercicio de fe por derecho propio. No obstante, esto no implica necesariamente un cambio de afiliación o cualquier otro intento de ajustar los compromisos institucionales previos de los individuos. La experiencia del diálogo puede, por supuesto, incitar a una conversión de determinada religión establecida a otra, o simplemente una conversión al margen de la religión establecida. Pero tales consecuencias no tienen nada que ver con el diálogo en sí. Ocurren fuera del foro del diálogo, en un mundo lleno de tradiciones y prácticas religiosas, donde las condiciones austeras del diálogo no están vigentes.

Al mismo tiempo, es preciso admitir que dentro de los parámetros del diálogo, las diferentes creencias que separan a una religión de otra son, con frecuencia, ignoradas. En términos de la interacción entre las diferentes iglesias cristianas involucradas con una religión como el budismo, es verdad que predomina cierto clima de ecumenismo espontáneo y que deja de lado las preocupaciones secundarias que obstruirían toda la actividad del diálogo entre religiones. Aunque el sectarismo budista sea de una clase muy distinta de la que encontramos en el mundo cristiano y aunque el progreso del movimiento intra-budista aún esté en la etapa de su infancia, este sectarismo no siempre es pertinente y a menudo necesita ser soslayado en nombre del esclarecimiento de uno u otro asunto en discusión. No hay razón, en principio, para que este hábito, bastante común en el diálogo intelectual, sea llevado a la esfera más amplia de la teoría y la práctica religiosa, aunque tampoco es imposible que algo de lo que se ha observado en el diálogo pueda ser trasladado a ella.

Repitamos: las condiciones del diálogo no generan ni inhiben decisiones posteriores sobre cómo dar fin a disyunciones sectarias obsoletas, o incluso sobre cómo fundir religiones distintas en una nueva forma de religión. Para ser válidas, tales decisiones requieren algo más que las herramientas del diálogo intelectual, y el distanciamiento deliberado del diálogo sólo acentúa este hecho.

A este respecto, haríamos bien en descartar la crítica de que el cristianismo, en función de su monoteísmo, tiende a promover un exclusivismo y un conflicto entre religiones que son ajenas al inclusivismo inveterado y a la aproximación armoniosa de las religiones orientales no monoteístas. En Japón, el argumento es empleado para apoyar la alegación de que la difusión del cristianismo, con su suposición de que la religión requiere que cada individuo afirme su afiliación a una religión y niegue su afiliación a cualquier otra, es responsable por la política de separar el shintoísmo y el budismo inaugurada en el primer año de la era Meiji. Es más, esto refuerza el argumento de que entrar en el diálogo interreligioso con el cristianismo implica cierta disparidad, dada la tendencia tradicional del cristianismo a erigir divisiones en una forma de religiosidad que es intrínsecamente pluralista.[2]

---

2. Por ejemplo, Yamaori Tetsuo 山折哲男,「《宗教的対話》の

Hay varios problemas con este argumento y todos ellos salen a relucir en el diálogo. Para empezar, el cristianismo contemporáneo está muy dividido acerca de la cuestión del pluralismo, con los más activos en el diálogo interreligioso esgrimiendo las razones más poderosas a su favor. Lejos de promover una forma críptica de exclusivismo, el cristianismo muestra en el diálogo signos de curación del exclusivismo al cual estuvo adherido durante mucho tiempo (o quizá puede decirse también, de recuperación de la tolerancia que había relegado dilatadamente a la periferia). Aún más, la clara separación del cristianismo y las religiones orientales respecto a la apertura o cierre corre el riesgo de cometer el mismo error contra el que Harnack gustaba advertir: comparar la teoría de la propia religión con la práctica de otra.[3]

El pluralismo del que se acusa al cristianismo de romper existe, religiosamente, más en la conciencia popular que en la doctrina de las religiones institucionales, para las que cualquier inclusivismo es generalmente poco más que una conveniencia política o económica. Al mismo tiempo, el puro monoteísmo, que según se dice nutre el exclusivismo, raramente está presente en la imaginación popular cristiana, cuya religiosidad en la práctica se aproxima mucho más fenomenológicamente a alguna forma de politeísmo que a la alta teología. La comparación está demasiado distorsionada desde el principio, y de poco

---

虚妄性—《宗教的共存》との対比において」[El engaño del «diálogo interreligioso»: un contraste con la «coexistencia religiosa»], *Religión y cultura*, pp. 83–96;『宗教の話』[El diálogo de religiones], Tokio, Asahi Shinbunsha, 1997, pp. 232–233.

3. Citado en Rudolf Otto, *India's Religion of Grace and Christianity Compared and Contrasted*, Londres, SCM Press, 1930, p. 59.

sirve esta clase de malentendido a los esfuerzos del cristianismo para abrir la tradición al diálogo.

Además, mientras el foro de discusión con otras religiones sea útil a la teología cristiana –o a cualquier método de reflexión doctrinal de otra religión– como una oportunidad de propagar sus propios patrones de autoconocimiento como patrones universales, estará traicionando el espíritu del diálogo. Tan sólo con una mayor conciencia de esta inclinación a la parcialidad pueden interactuar libremente diferentes métodos de autocomprensión, chocando en un momento, tomando algo prestado al siguiente, convenciendo, pero siempre abiertos a la persuasión. Ésta es la única forma de conversación transitiva en la que el diálogo puede considerarse a sí mismo verdadero.

Sūtra 6. **En el fondo, el cristianismo es naturalmente budista, el budismo es naturalmente cristiano.**

El famoso dicho de Tertuliano *anima naturaliter christiana* ha sido traducido tradicionalmente como «el alma es naturalmente cristiana», y de ahí, no aceptar la fe cristiana significa rebelarse contra lo que está en nuestra naturaleza. El latín, así como el contexto original de la frase, con todo, sugiere una lectura radicalmente distinta, más cercana al espíritu del diálogo interreligioso. En la búsqueda de un punto de contacto entre los creyentes y los no creyentes, quienes carecen de las escrituras y las enseñanzas comunes, Tertualiano apela al *testimonium animae:* en las profundidades más recónditas del corazón humano, se encuentran las ideas y símbolos centrales del cristianismo en su estado natural. En otras palabras, «el cristianismo es connatural al alma». El cristianismo no es simplemente un conjunto de convicciones impuestas desde fuera por las fuerzas de la historia colectiva o adoptadas en oposición a los deseos de nuestra naturaleza humana. Es, en su esencia, una expresión de nuestra naturaleza.[4]

La consecuencia de esta posición es que el cristianismo es también algo natural al alma de quienes profesan otras religiones. Para los cristianos avezados en el diálogo con el budismo en Japón, esto es claramente manifiesto. La otra cara de la moneda es que el cristianismo no es la única religión que puede hacer esa declaración. Como el diálogo también atestigua, el camino budista es natural no sólo para el budista sino también para el cristiano –y no sólo para un reducido número de cristianos que se suman al foro del diálogo. Cuantos más budistas y cristianos discuten entre sí, más fuerte se vuelve el sentimiento en ambos de una familiaridad fundamental, aunque las más de las veces sea inesperada. Si esto no fuera así, el diálogo se habría desplomado hace tiempo o, por lo menos, se habría redimensionado para convertirse en un simple intercambio intelectual.

Decir que el budismo y el cristianismo son naturales al alma es decir también que son natural uno al otro. Esta afinidad es confirmada en el nivel doctrinal del diálogo. Como le gusta decir a Raimon Panikkar, las religiones se parecen a los idiomas: por un lado, los idiomas de otros parecen absurdos para quienes no los hablan, y se desconocen las peculiaridades del propio idioma hasta que se aprenden otros. Por otro, a pesar de sus diferencias, no hay una idea general en cualquier idioma que no

4. En su *Apología*, cuyo objetivo era desviar las críticas de los herejes y paganos, Tertuliano usa la frase sólo prestando atención al primer sentido. Es abordado más ampliamente en su *De testimonio animae*, donde está vigente el segundo significado, más positivo.

pueda ser entendida por otro.[5] Sólo a través de la experiencia se puede saber qué significa decir que un nuevo idioma enriquece la mente, en general, y la comprensión del propio idioma, en particular.

De la misma forma, cuando las escrituras y las expresiones doctrinales del budismo son observadas a través de una lente cristiana, o a la inversa, sin incluir al mismo tiempo un reconocimiento expreso de la naturalidad fundamental de las dos vías religiosas, una para la otra, y para la mente que intenta considerar a ambas en el diálogo, sólo parecerán distorsiones. Esta conciencia –que puede ser llamada una conversión a otra religión en un sentido intransitivo, una *metanoia* sin una pérdida de la fe– intensifica, a su vez, una sensibilidad hacia la riqueza del pasado de su propia religión, revelando las equivalencias y las semejanzas más inesperadas en los recodos de la tradición.

Obviamente, hay mucho en toda religión histórica que representa una lamentable imposición sobre el espíritu humano (y en algunos casos de forma tan arrolladora como para infectar la religión como un todo). Ni el cristianismo ni el budismo están libres de esta acusación. Para dos religiones, sean las que sean, al dialogar una con otra, esas cosas no pueden ser dejadas de lado. Sin un compromiso con la afinidad básica natural, no obstante, la tentación de que las discusiones de esos asuntos degeneren en un determinado momento en competición es casi insuperable.

Hay formas de interacción interreligiosa que se miden en términos de ganadores y perdedores. La guerra

5. Raimon PANIKKAR, *La nueva inocencia*, Estella, Editorial Verbo Divino, 1993, p. 388.

es un ejemplo evidente; la conversión a través del proselitismo es otro. El foro del diálogo no es un estadio; nadie lleva el tanteo porque no hay tanteo que contar. Es más bien, como ya dije, una aventura de ideas: ver la humanidad universal subyacente a las cualidades únicas y específicas que sitúan a la propia religión como una vía distinta de otras, y volver desde lo universal a dar una segunda mirada al potencial inexplorado de la propia particularidad.

La conciencia religiosa de la época que alimenta el espíritu del diálogo no se siente muy atraída por la religión institucional tal como la hemos conocido en el pasado. Recoge y selecciona los textos sagrados antiguos, los combina con textos modernos y los cose todos juntos en una colcha según su propio diseño. Es un tejido de la fe que la religión organizada siempre ha encontrado peligroso, pero también puede ser el modo en que el alma siempre da sentido incluso al más dogmático sistema de creencias en medio de un mundo más amplio que el dogma. Parece apuntar también a los cambios radicales que les aguardan a las grandes religiones históricas del mundo tal como las conocemos hoy.

En cualquier caso, el espíritu del diálogo que hemos experimentado es ciertamente mayor que nosotros y todavía sigue tras nosotros empujándonos a avanzar. Sólo seremos sus siervos verdaderamente si evitamos convertirnos en sus amos. Ésta era la atmósfera en la que me embarqué hará más de dos décadas y que hoy encuentro tan fresca y desafiante como en el pasado, cuando Jan Van Bragt, en la puerta del Instituto Nanzan, me dio la bienvenida.

Cristianismo hoy
la transición hacia el desestablecimiento

En el otoño de 1996, fui invitado a participar en una serie de conferencias sobre el estado actual de las religiones mayoritarias del mundo y las perspectivas acerca de su futuro. El acto fue patrocinado por una asociación budista y estaba destinado al público budista en general. Aproveché la ocasión para ofrecer una visión panorámica de la historia del cristianismo según la óptica del siglo XX y, de ahí, para examinar los que me parecían ser los principales conflictos que afronta la identidad cristiana en el mundo contemporáneo.

Más tarde, me sorprendió descubrir que aquellos que fueron seleccionados para representar al islam y al budismo adoptaron posiciones bastante menos críticas. Con este panorama, mis comentarios fueron recibidos por algunas personas del mundo cristiano como injustos, cuando menos, impropios. Sin embargo, me animó la acogida que tuve por parte de los organizadores de la serie de conferencias y por el auditorio que habían reunido. En particular, aquellos pertenecientes a las llamadas «nuevas religiones» del budismo parecían envidiar el modo en que el cristianismo se las había arreglado para encajar la autocrítica. En una época marcada por la intransigencia de las autoridades eclesiásticas, la reacción en contra me pareció extrañamente alentadora. Al mismo tiempo, no fueron pocos los colegas que me escribieron con un sentimiento de alivio porque hubiese dado cuenta, por escrito, de algo que para muchos de ellos era obvio desde hacía mucho tiempo.

La conferencia apareció impresa primero como「現代キリスト教の行方——脱制度化への推移」en『東洋哲学』[Filosofía oriental], 36/1, 1997, pp. 21–48. La traducción inglesa reproducida aquí fue publicada en *Inter-Religio,* 30, invierno 1996, pp. 63–79, y reeditada en *Dialogue* 24, 1997, pp. 125–146 y en el *Journal of Oriental Studies,* 8, 1998, pp. 38–58.

Se me ha pedido que les hable sobre el estado del cristianismo, una cuestión que probablemente parece más simple vista desde fuera que desde dentro. Cuanto más se está envuelto en los acontecimientos que delinean la historia del cristianismo hoy, más se es consciente de los muchos factores que influyen en dicha historia y de que intentar esbozar su retrato es como intentar pintar en la superficie de un río. En tales circunstancias, más importante que dar definiciones precisas es situar los puntos de cambio más enérgicos, y entonces tratar de discernir justamente adónde nos llevan esos cambios. Asumo esta tarea, esta noche, no como un representante *del* cristianismo sino solamente como alguien que habla *desde* el cristianismo, y, más concretamente, *desde* la tradición católica. Insisto sobre esta distinción por dos razones.

La primera y más obvia es que el cristianismo, incluso si se limita a su forma católica, es un fenómeno demasiado vasto y demasiado plural como para que un individuo como yo con una experiencia limitada pueda representarlo. La única representación honesta hoy es la de una «personalidad simbólica» (como en el caso del Papa de Roma) o una selección de delegados de todas las partes del mundo reunidos en un foro. Frente a los no cristianos, por supuesto, a menudo los cristianos se erigen como representantes (del mismo modo que, por ejemplo, un americano puede presentarse ante un grupo de japoneses como una autoridad en la cultura americana y viceversa), aunque muchas veces significa poco más que un modo de resaltar la propia pertenencia, o la no-pertenencia del otro. Frente a los «propios», pocos creyentes se atreverían a posicionarse como representantes salvo en el último rincón del vasto mundo del cristianismo; tampoco yo podría posicionarme de forma distinta ante ustedes. Al mismo tiempo, me crié dentro del mundo cristiano y no tengo duda de que absorbí mucho de su influencia –sus virtudes así como sus presupuestos. En tanto que he intentado reflexionar sobre esto, hablo con cierta confianza como representante del cristianismo católico. Pero también hay una segunda razón por la que declino presentarme como representante del cristianismo y es que veo que la comprensión que el cristianismo tiene de sí mismo ha sido sacudida hasta sus cimientos. En la superficie de este profundo maremoto, la lealtad de aquellos que escogieron identificarse con la Iglesia institucional se divide entre una minoría «que mira adelante», que aplaude el cambio, y una mayoría «que mira hacia atrás», que lo rechaza. Explicaré estos términos seguidamente; por ahora basta con resaltar que me siento identificado con la visión minoritaria y es desde esta parte de la tradición que les hablo. El tono de lo que tengo que decir, lo reconozco bien, es un tono en clave de *fin de siècle,* y hasta cierto punto comparte con la mística la creencia en que la aurora de un nuevo milenio despierta en nosotros. Esto nos plantea cuestiones sobre las que de lo contrario no reflexionaríamos, cuestiones sobre nuestras más valiosas tradiciones y valores morales, y que quizá, también, hagan que las grandes conmociones parezcan más plausibles de lo que nos parecería de otro modo. Yo mismo no tengo dones proféticos particulares, pero el sentimiento creciente de preparación para la profecía acude más a mi mente al hacer una rápida incursión en la historia cristiana para trazar los contornos de la transición al desestablecimiento que, según veo, está teniendo lugar hoy en el cristianismo.

Fascinación cristiana por el milenio

Para los cristianos, los movimientos que saludan el fin del mundo o la aurora de una nueva era no son nada nuevo. Ya entre los primeros discípulos de Jesús encontramos la creencia de que el mundo acabaría dentro del período de sus propias vidas –una creencia que halló su lugar en los relatos escritos sobre las propias enseñanzas de Jesús. El aplazamiento del acontecimiento del «fin de los tiempos» encuentra un fuerte eco en las visiones del Apocalipsis, un libro que ha estimulado la imaginación a lo largo de toda la historia del cristianismo y que dio lugar a las más extrañas predicciones e interpretaciones de los eventos del mundo secular. Figuras desde Hitler, el Papa de Roma hasta Henry Kissinger han sido identificadas con el anticristo o la bestia del Apocalipsis.[1]

A finales del siglo XII en la Europa cristiana, en los tiempos del sacro emperador romano Enrique VI, surgie-

1. Recientemente un libro titulado *La elección: Islam y cristianismo* de Ahmed Deedat llegó a mis manos. Publicado en Sudáfrica en 1993, ya es su décimosexta edición con una tirada de 223.000 ejemplares. En sus primeras páginas identifica al papa de Roma con la bestia del Apocalipsis, y este tono permanece el resto del volumen.

ron muchos grupos fanáticos que proclamaban la aurora de una «Tercer Edad». La idea era que después de la Primera Edad del Antiguo Testamento (la Edad del Padre o la Ley) y la Segunda Edad del Nuevo Testamento (la Edad del Hijo o de la Gracia), la Edad del Espíritu o de la intuición espiritual escoltaría a la historia hasta su apoteosis. Detrás de todo esto se encontraba un visionario llamado Joaquín de Fiore (1153–1202), quien proclamó la aurora de una *Ecclesia Spiritualis,* la cual anunciaría el tiempo de Juan el evangelista y sobreviviría a la Iglesia que se remontaba a Pedro el apóstol. Al principio favorecido por las autoridades civiles y la Iglesia, Joaquín fue posteriormente condenado por hereje, aunque otros continuasen reverenciándole como a un santo. Sus ideas sobre el curso de la historia tuvieron influencia desde el siglo XIII al XVI. Al dar fe del hecho, por ejemplo, del cumplimiento de su profecía relativa a dos nuevas órdenes espirituales que llevarían a la Iglesia a la Tercera Edad, fue reivindicado primero por los franciscanos, después por los dominicos, agustinianos e incluso por los jesuitas. El propio Sacro Imperio Romano, iniciado en el año 800 por Carlomagno, de hecho, no acabó sino hasta 1806, con la victoria de Napoleón en Jena. La noche anterior a esa batalla, Hegel concluyó su *Fenomenología del Espíritu* que termina, justamente, con un esquema que recuerda al anuncio de la Nueva Edad del Espíritu efectuado por Joaquín de Fiore para completar los Tiempos del Padre y del Hijo.

A finales del siglo XV, Colón proclamó América la tierra del milenio. Insistió ante Fernando e Isabel que su viaje había sido descrito en Isaías 11, 10–12. El cartógrafo Américo Vespucio, escribiendo a Lorenzo de Médicis, habla de América (como más tarde sería llamada en su honor) como del «Nuevo Mundo». Era natural que los exploradores que partían para conquistar nuevos territorios para la corona fuesen acompañados por misioneros cristianos para conquistar los corazones de sus pueblos para el catolicismo.

A principios del siglo XVII, los estudiosos protestantes intentaron volver a la fe de los primeros cristianos y creían que Cristo no vendría para concluir el tiempo sino para traer una edad de oro y el milenio. Con el avance de la Ilustración europea, esto vino a ser identificado con la creencia en el progreso.

En la década de los sesenta, en los Estados Unidos, en el auge de un movimiento de la conciencia religiosa, el milenarismo abrió camino a una teología seria con la teología de la muerte de Dios de Thomas Altizer, quien recogió la idea de Hegel del amanecer de una nueva edad de «autoconsciencia del Espíritu» y ha desarrollado este tema consistentemente en todos sus escritos hasta la actualidad. Y hoy, por supuesto, los cultos milenaristas y las profecías ya se están poniendo la zancadilla unos a otros para captar la atención de los crédulos cristianos. Supongo que podemos esperar más de lo mismo en los años venideros.

En términos literales, esos movimientos e interpretaciones se han demostrado errados. Pero, al mismo tiempo, muestran cierta sensibilidad al hecho de que los cambios –aun cambios radicales– tienen lugar y se reflejan en el fanatismo religioso así como, si no mejor que, en cualquier otro lugar. Así, mientras que no cabe duda de que habrá una gran cantidad de tonterías en los años que vendrán, esto no significa que debamos simplemente descartar la idea de que el cristianismo se encuentra en la aurora de una nueva era.

El cristianismo en la aurora de una nueva era

En un gesto que parece entrar en contradicción con lo que está ocurriendo en la Iglesia católica en general, el Vaticano ya ha anunciado preparativos para conmemorar el aniversario de los dos mil años del cristianismo. Los escalafones más altos de los dirigentes católicos han dejado de estar en contacto con el espíritu de la época, a la cual condena erróneamente como secular, con el resultado de que aquellos que respiran ese espíritu más enérgicamente han llegado a pensar en la tradición católica como un receptáculo demasiado estrecho para la conciencia religiosa de hoy. Trataré esto con más detalle después, mas primero quisiera dar una rápida mirada a los dos mil años de la historia cristiana para aclarar qué entiendo por emergencia de un nuevo escenario en la historia.

1. Las enseñanzas de Jesús

El primer estadio, obviamente, está marcado por *las enseñanzas de Jesús.* Aunque tal vez nunca tengamos un retrato claro de qué constituye la propia contribución de Jesús y cuánto se ha añadido posteriormente, hay un acuerdo substancial sobre sus enseñanzas principales, y también sobre el hecho de que, los acontecimientos y las interpretaciones posteriores aparte, hay en dichas enseñanzas un llamamiento universal. Incluso el iconoclasta Nietzsche tenía la suficiente simpatía por Jesús como para declarar que «sólo hubo un cristiano –¡y murió en la cruz!».[2]

No hay que olvidar que fue solamente tras la muerte de Jesús cuando sus enseñanzas fueron institucionalizadas y, de ahí, alteradas para justificar esa institucionaliza-

2. *El Anticristo*, sec. 29.

ción. La intención de Nietzsche no era meramente trazar una distinción entre Cristo y el cristianismo para condenar al último, sino también resaltar el hecho de que las enseñanzas de Jesús que han llegado hasta nosotros fueron elaboradas por los evangelistas y se han perdido para siempre en su forma original. Sin duda, distintos motivos contribuyeron en la Iglesia temprana en el modo en que Jesús y sus ideas fueron rememorados. Sin embargo, si no hay Jesús sin la comunidad cristiana, tampoco hay comunidad cristiana sin Jesús. Durante el período siguiente de formación del cristianismo, esta reciprocidad quedaría obscurecida por otras preocupaciones.

En cualquier caso, el esclarecimiento de la doctrina y la organización no sólo significaba que la tradición había quedado establecida, sino que todo estaba listo para una transición más importante, una transición que determinaría el destino de la pluralidad de formas en la doctrina y la estructura durante mil años.

2. *Cristianismo*

El segundo estadio, el *cristianismo*, se caracteriza por la transformación de las enseñanzas de Jesús en una sistematización de doctrinas, prácticas y estructuras. La coordinación de las enseñanzas en un cuerpo de doctrinas más o menos consistentes, que se inició ya en la primera generación posterior a la muerte de Jesús, vino marcada por una inmensa variedad de opiniones y muy poca uniformidad. Como los descubrimientos de los rollos de Nag Hammadi continúan mostrándonos, casi no hay ninguna idea de las que separarían a las iglesias cristianas y las sectas unas de otras en la historia posterior que no esté representada en esos textos. En efecto, una buena parte de las ideas que serían después condenadas por herejía se hallaban presentes allí.

Es más, esta pluriformidad se extiende más allá de las enseñanzas para incluir las pautas de organización de las comunidades cristianas. Algunos de los primeros dirigentes, como Santiago, el hermano de Jesús, querían fundar su liderazgo religioso en el linaje familiar. Incluso después de su ejecución, este principio familiar perduró por allí durante algún tiempo, como atestiguan las iglesias de refugiados judeocristianos después de la caída de Jerusalén en el 70 dC, dirigidas por los primos de Jesús. Más importante sería la idea de la primacía de Pedro, basada en el hecho de que fue el primer testigo de la Resurrección. Siguiendo esta misma línea, los tres principales apóstoles –Pedro, Santiago y Juan– eran considerados los que ocupaban las posiciones dirigentes de la comunidad y los demás apóstoles les seguían en importancia. Las iglesias de la diáspora fuera de Palestina mostraban una variedad similar de estructura. Algunas seguían el principio de liderazgo de la sinagoga judía destinado a los más ancianos. Otras tuvieron profetas y figuras espiritualmente influyentes o carismáticas como líderes. Aun otras tuvieron dirigentes electos por la congregación. En medio de esta gran variedad, el elemento unificador, tanto para la doctrina como para la organización, era la imagen del Señor resucitado que unió a ambas en una enseñanza básica. Toda la comunidad era vista como un único «cuerpo» que ni las diferencias locales ni la muerte de unos individuos en particular podía separar. Esto era simbolizado en clave ritual en el ágape eucarístico.

Pero el impulso hacia una uniformidad en la estructura y la doctrina adquirió vigor gradualmente, marcando la culminación de este segundo estadio con el nacimiento de lo que conocemos como la Iglesia jerárquica. Este desarrollo se vio estimulado no solamente como reacción a la persecución de las comunidades cristianas por parte de las autoridades romanas, sino también por las discrepancias en cuestiones de organización y doctrina en el seno de las comunidades. Organizativamente, el cristianismo se estableció en una estructura jerárquica en el curso del siglo II. Los obispos conducían los servicios religiosos y administraban las riquezas de las iglesias. Doctrinalmente, el desacuerdo con los cristianos gnósticos sirvió para solidificar la doctrina oficial y para eliminar la disconformidad potencialmente rupturista. De hecho, esto se hizo de forma tan eficiente que casi todo lo que sabemos de los gnósticos hasta recientemente procede de los extractos que aparecían en los ataques cristianos contra ellos.

3. Cristiandad

El tercer estadio, el de la *cristiandad,* muestra la emergencia del cristianismo como un modo de civilización asociado con una toma del poder secular. Se vio marcado por dos eventos clave.

El primer momento clave fue la conversión de Constantino el Grande al cristianismo en el siglo IV (fue bautizado formalmente, con todo, sólo poco antes de su muerte). En 313, Constantino proclamó tolerancia hacia los cristianos y seguidamente trabajó activamente para transformar el Imperio romano en un estado cristiano, preparando así el camino para una cultura medieval distintivamente cristiana, occidental y bizantina. El resultado fue que la Iglesia quedó situada en el interior de las fronteras del Imperio Romano, y que las expectativas apocalípticas cristianas prácticamente desaparecieron. La cristiandad, triunfante contra la persecución, ahora se alineaba con los poderes seculares para convertirse en una institución terrenal comprometida en el mantenimiento del orden en la sociedad.

El segundo momento clave es la coronación de Carlomagno, rey de los francos, como emperador romano por el papa León III en 800 (ya había sido coronado rey de los francos a la edad de doce años por el papa Zacarías, resolviendo así una disputa política). Hacia el siglo V, el título de Emperador Romano había caído en el olvido, pero con su reinstauración del poder secular de la cristiandad fue legitimado durante el resto de la Edad Media. Los historiadores modernos se refieren a esto como «el Sacro Imperio Romano» (un término que realmente procede de mediados del siglo XIII, aunque nunca fue empleado oficialmente), que duró mil años completos.

La transición a la cristiandad fue un cambio importante para el cristianismo. En lugar de una multiplicidad de formas de estructuras eclesiásticas, adoptó una constitución episcopal uniforme anclada en la ley imperial. En lugar de una diversidad de credos, una confesión de fe imperial (el credo de Nicea, todavía recitado hoy –y en el cual no queda ni una palabra de las enseñazas de Jesús– que fue establecido en el concilio reunido por Constantino en el 325) fue impuesta como legalmente válida para todas las iglesias del imperio. En realidad, fue a comienzos del siglo IV que la palabra «ortodoxia» fue introducida por los padres griegos. Una liturgia uniforme, sancionada oficialmente, reemplazó a la diversidad inicial. El monaquismo también quedó normalizado.

Esta nueva uniformidad no fue creada de la nada; fue construida sobre los escombros de una idea temprana y muy diferente de la unidad cristiana. La Iglesia unificada imperialmente llegó a ser delineada por las fronteras territoriales del Imperio Romano. Cada desviación de la ortodoxia (que era fijada por los sínodos imperiales) era considerada una desviación del orden público. No es sorprendente que la actividad misionera fuera de los territorios imperiales, primero entre los cristianos que vivían en las tierras asiáticas, encontrase oposición nacional y política entre quienes identificaban la Iglesia como una institución imperial romana.

En el siglo IX, con el Imperio carolingio, el proceso se repitió dentro de las áreas germánico-romanas. En la esfera monástica, las formas benedictinas italianas derrotaron la pluriformidad que había existido en las formas de orígen céltico-escocés-irlandés y aquellas originadas en Asia menor. La liturgia romana uniforme substituyó la multiformidad de las liturgias francesa, española y ambrosiana, todas instituidas por los concilios imperiales. El uso de la lengua latina fue impuesto desde el siglo III (una costumbre que sólo fue rescindida en el catolicismo en 1962). Las garantías políticas para la unidad de la cristiandad fueron ejecutadas por misioneros españoles, portugueses y franceses durante la conquista de las Américas en el siglo XVI.

Ni el cisma ortodoxo del siglo XI ni la reforma protestante del siglo XVI hicieron mucho por alterar este patrón. Aunque estas revoluciones puedan haber contribuido a debilitar el poder secular del catolicismo romano, no llevaron a cabo ningún intento de romper con el ideal de la cristiandad o de renunciar al poder secular que tenían en los períodos de sus respectivas rupturas con Roma.

4. *Religión cristiana*

El cuarto estadio pertenece a nuestro pasado más reciente y marca una transición lejos de la cristiandad y en la dirección de ver *el cristianismo como una religión,* una religión en un mundo multirreligioso. Si tuviéramos que señalar un único acontecimiento eje de este giro, sería la aparición de *El Origen de las especies* de Darwin en 1859. Siguiendo la estela de su publicación, que desafió con toda la autoridad del rigor científico, la idea del mundo creado de la nada por decreto divino y la creación directa de seres humanos en un mundo ya completado, los intelectuales occidentales comenzaron a ver la evolución en todo, desde la conciencia humana a las estructuras sociales. Las ciencias «humanas» de la religión, la antropología, la sociología y la psicología se empezaron a cultivar todas en esa época. En esta tempestad de ideas, el cristianismo ya no podía ser considerado una religión única, superior, divinamente instituida sino tan sólo como una entre muchas, y en gran medida un fenómeno cultural que crece y evoluciona en la historia.

Aunque el Sacro Imperio Romano y, con él, la era de la cristiandad, llegaron a su fin con Napoleón, no era el fin del compromiso cristiano con el fortalecimiento institucional de su poder secular. La Iglesia Católica Romana no estaba preparada para simplemente dejar escapar el autoconocimiento acumulado en el milenio anterior. Y nunca ha estado preparada para hacerlo. Los logros alcanzados durante ese tiempo fueron, desde luego, inmensamente importantes para la historia occidental en particular y para la forma del mundo de la historia en general, y es sobre esta base que los elementos del cristianismo han sobrevivio hasta nuestros días.

Esto no significa que el cristianismo fuese meramente una víctima pasiva, destituida contra su voluntad de una gloria precedente. Los pasos positivos para repensar su nuevo papel fueron dados en la primera gran ola de actividad del siglo XIX a través de un nuevo movimiento misionero, primero entre los protestantes y después entre los católicos. En lugar de la espada de los conquistadores del Nuevo Mundo, la cultura se convirtió en el arma preferida del siglo XIX. La máquina de coser en la India y la bicicleta en China fueron introducciones de los misioneros que las consideraban ayudas catequéticas útiles. Convencidos de la superioridad de su cultura y su ciencia, los misioneros partieron a colonizar el mundo para la religión cristiana, transplantando a los países de África y Asia occidental las estructuras de la Iglesia occidental y los presupuestos filosóficos que han perdurado hasta hoy.

La autocomprensión del cristianismo como una religión mundial siguió el modelo de la comprensión de Occidente de sí mismo como una cultura mundial. Permaneció para siempre como *la* religión, ante la cual todas las demás eran falsas o incompletas. Los derechos que tenía la verdad sobre la falsedad, por supuesto, habían cambiado respecto a los que tuvieron en el pasado. Durante el Renacimiento, los católicos que se opusieron al «derecho divino» de los Estados Pontificios fueron excomulgados. Y antes, en la Edad Media, aquellos que rechazaban el derecho a torturar herejes eran también acusados de herejía. Lógicamente, ningún católico del siglo XIX se sentía obligado por estas leyes y mandatos de la cristiandad. Pero sí que se sentía obligado a apoyar las estructuras internas que permanecían como definitivas para la religión cristiana –desde los nuncios papales a las leyes canónicas, las encíclicas y los concilios ecuménicos.

Tanto dentro del catolicismo como en el espectro del cristianismo como un todo, las consecuencias de este giro de la cristiandad al cristianismo como religión aún están agitando las aguas del estanque cristiano. Aun así, hay suficiente consenso entre los creyentes cristianos de todo el mundo como para sugerir que estamos a punto de presenciar otro cambio importante, a saber, un distanciamiento masivo de los vestigios de la cristiandad que prolongan el acontecimiento del cristianismo como una religión. En lo mejor de este siglo, la crítica del filósofo danés Soren Kierkegaard contra los vestigios persistentes de la «cristiandad» en la conciencia religiosa cristiana, al ser tenida por verdadera ha inspirado a teólogos, poetas, dramaturgos y filósofos de toda clase a apresurar el advenimiento. No sorprende que quienes detentaban las estructuras de la cristiandad permanecieran intransigentes aferrándose a lo que sólo podía ser una causa perdida. Los signos eran demasiados y demasiado extendidos como para negar que un cuarto estadio del cristianismo ya está entre nosotros.

5. *Cristianidad*

El estadio final, una era cuya aurora, como se ha dicho, ya ha llegado, podemos denominarlo con el filósofo de la religión catalán Raimon Panikkar, *cristianidad.* Con esto se refiere a una forma personal de conciencia religiosa que se identifica como cristiana sin pertenecer a una institución eclesiástica particular. Hay dos modos de cristianidad, ambos esenciales para que este estadio adquiera su pleno significado.

El primer modo es interno al cristianismo. En un estadio inicial difícilmente se podría llamar cristiano a alguien que no perteneciera a la cristiandad. Con la Ilustración europea, esta identificación comenzó a ser erosianada y este proceso de disociación continuó a través del auge de la ciencia, la tecnología, los medios de comunicaciones y de transporte, hasta hoy cuando cada vez más cristianos están abiertos a considerarse cristianos en vista de una especie de «cristianidad» más que de cualquier otra afiliación particular. Esto no implica que simplemente se haya privatizado el cristianismo como asunto sólo individual. Me refiero, en este primer caso, a identificarse con una comunidad de herencia cristiana de una manera autocrítica, confesando la creencia en las enseñanzas de Jesús sin extender esa creencia a las formas corrientes del cristianismo institucionalizado.

Sean cuales sean las intenciones de los individuos que asumen tal creencia, su expansión no requiere ni incentiva la abolición de todas las instituciones cristianas. El rasgo definitorio del cristianismo no establecido es meramente un distanciamiento del interés en preservar o reformar la Iglesia institucional o, por lo menos, en definirla como el significado primario de la «Iglesia». Mi impresión es que pertenecer a la cristiandad, ya sea en su ramas conservadoras o reformistas, hoy no es un problema para la mayoría de los creyentes. Esto no comporta una ausencia de preocupación por el orden social y político, aunque haya formas de esta cristianidad que de hecho lo descuiden. Tampoco implica que la institución existente esté más allá de la preservación y la reforma. Simplemente significa que, por primera vez, desde el primer siglo del cristianismo, la fe no establecida no es vista por un gran número de cristianos como un impedimento para considerarse plenamente cristianos. La tradición retiene su importancia, pero sólo selectivamente. O más exactamente, los principios de selección, que son siempre parte de la preservación de la tradición, son vistos de forma diferente.

El lado positivo de esto es que este modo interno de confesión de fe cristiana como una elección personal significa adoptar una «conciencia de Cristo», en la cual Cristo es el símbolo central de la vida. Esto, también, es parte del hecho sociológico de que la Iglesia ya no sea una con las instituciones eclesiásticas. Pero es más que un hecho; es un acto en realización. Y este acto es algo más que pulir la conciencia privada. Esto también se pone de manifiesto en América Latina y, en cierto modo, en países como Filipinas, en la construcción de comunidades populares alternativas, no sólo para resituar la afiliación institucional sino para salvar la espiritualidad de la peligrosa preocupación por sí misma que la teología de la liberación ha luchado por denunciar. Una vez más, la relación entre el nuevo estadio y el estado anterior es la crítica, no la cancelación total.

Panikkar plantea en los siguientes términos el cambio a la cristianidad:

> Hay indudablemente en el mundo de hoy una cierta crisis de la identidad cristiana. A pesar de que hay movimientos evangelistas que retroceden al ideal de una cristiandad modernizada y otras tendencias más teológicas que se esfuerzan por un cristianismo reformado (esto es, como una religión), hay un número creciente de personas responsables que luchan por articular una confesión cristiana genuina sin estar totalmente condicionados por el peso histórico del pasado ni por las estructuras doctrinales de la tradición. Éstas no promueven una privatización de la identidad cristiana, aunque algunas veces se vean casi forzadas a ello. Promueven una exteriorización de su identidad cristiana que es fruto más de una experiencia interior que de las inercias histórica y doctrinal. Más o menos advertidos de que el mundo está sufriendo una mutación, intentan vivir este cambio en su profundidad –esto es, en el nivel religioso de su estar concienciado y de su conciencia. En términos más simples, un número substancial de cristianos contemporáneos quieren ser religiosos, creyentes e incluso cristianos –pero sin las «contaminaciones» que sienten se les han añadido a estos nombres.[3]

---

3. Raimon PANIKKAR, «Christianity and Christianness», en

La cristianidad, con todo, no es algo restringido a la conciencia de aquellos que ven a Cristo como el símbolo primario del sentido de la vida. Hay un segundo y no menos importante modo de cristianidad, que lleva a la religión cristiana no sólo fuera de los muros de las instituciones eclesiásticas, sino fuera de las fronteras de la primacía de Cristo. Y esto porque el giro del cristianismo como una religión a la cristianidad también se abre como posibilidad para aquellos que en otras religiones se convierten al cristianismo sin abandonar sus propios símbolos primarios o incluso su afiliación institucional. A la inversa, abre la posibilidad de que los cristianos hereden las riquezas espirituales de otras religiones, como el budismo o el islam, no como meras ideas sino en su propia conciencia religiosa y como práctica. En suma, la transición a la cristianidad no se aleja de la misión cristiana pero altera su naturaleza de una confrontación entre religiones a una síntesis dentro de la conciencia religiosa personal.

UN CHOQUE DE VISIONES

Es prematuro definir esta cristianidad. Lo que podemos hacer es apuntar las contradicciones y confrontaciones que acompañan su nacimiento, como el juego que se crea entre luz y sombra cuando se encuentran una a otra al amanecer, a fin de ver más claramente y decidir sobre nuestra propia participación. Pues creo que no es, al

---

Kuncheria Pathil, ed., *Church in the Third Millenium*, *Jeevadhara* 21, 1991, pp. 324–330. El «neologismo» de Panikkar no es tan nuevo. En el pasaje citado en la nota precendente Nietzsche menciona la «Christlichkeit».

final, algo en lo que meramente está involucrado el cristianismo, sino algo a lo que el cristianismo está siendo conducido –es decir, al nacimiento de una nueva visión de la realidad dentro de una civilización global agotada y sofocante. Voy a destacar varios problemas característicos del cristianismo en la actualidad, en particular, del catolicismo, en los que podemos ver cómo toma forma la cristianidad. Definiré esos problemas en términos de un antagonismo de opuestos.

Dicho en términos más generales, distingo dos orientaciones fundamentales que actúan en el cristianismo de hoy, que sitúan a los individuos creyentes ante una decisión. No es una elección muerta, acerca de la interpretación de algo del pasado; es un problema que se enraíza en nosotros *en nuestra creencia.* En la medida en que nos consideremos cristianos estamos compelidos a ella. Es, más bien, una elección de gran importancia, que afecta al sentido de la vida y al papel de la religión en ella. Para los cristianos, esta opción viva, forzada e importante tiene que ver con cómo encaramos el próximo milenio.

Como mencioné al principio, el tercer milenio reviste un aura de mística realzada por los grandes cambios que tienen lugar en la conciencia religiosa de hoy. Dentro de la religión cristiana –esto es, dentro del ámbito en el que, creo, está naciendo la cristianidad– se encuentran personas que se orientan hacia este cambio de distintas maneras. En un extremo están las que caminan de espaldas al futuro y, en otro, las que caminan de cara al futuro. A pesar de que decantaré mis simpatías aquí por la emergencia de la cristianidad y su visión orientada hacia el futuro, esto no quiere decir que me indentifique enteramente con ninguna de las posiciones opuestas que voy a distinguir. Las coloco como extremos para trazar un espectro en el que pueda identificarse la propia posición. Al final, es una cuestión de orientación, no una posición fija.

Con «caminar de espaldas», me refiero a afrontar el futuro con la mirada atenta al pasado. Esto es, querer tener siempre la seguridad de saber de dónde se viene y nunca perder de vista lo que se ha logrado en el pasado. Las nuevas experiencias se «retrotraen» a modelos, suposiciones y expectativas con las que se está familiarizado. Los valores importantes de la historia residen *detrás* de nosotros, en lo que *ha sido.* Ésta es casi una actitud peculiar de las instituciones religiosas dogmáticas, inflexibles. La historia de la civilización, como apuntó Marshall MacLuhan tan eficientemente hace más de una generación, nos muestra algo similar. Las innovaciones tecnológicas se enfrentan con hábitos de la tecnología a substituir. En la esfera de la religión, las nuevas aventuras del espíritu son medidas según el criterio de las instituciones existentes, lo que sólo acentúa las diferencias y niega la posibilidad de que acontezca algo radicalmente nuevo en el modo en que el cristianismo se establece a sí mismo en la sociedad humana.

Por «caminar cara al futuro», por el contrario, quiero decir no ser detenido por el pasado y, de hecho, preferir romper con él como exigencia para crear algo nuevo. Los valores importantes de la historia residen *frente* a nosotros, en lo que *será.* En la medida en que esa actitud es asumida inconscientemente, el peligro de que los modelos tradicionales sobrevivan con nuevos vestidos, por supuesto, existe. Pero en la medida en que el futuro es novedad en un sentido comprehensivo, tarde o temprano encontrará la manera de abrazar el pasado.

En ambos casos, cada vez más creyentes cristianos se encuentran enfrentados a esta decisión de orientarse al final del siglo. Los polos nunca estuvieron tan separados;

los números apiñados en el medio nunca han sido tan cuantiosos. La naturaleza de la elección imposibilita una respuesta legislada. Al final, corresponde a cada individuo investir con sentimientos, imaginación y energías la orientación de la creencia. El fenómeno que voy a explicar podría ser más claro en Europa que en las Américas, donde la confianza en sostener la institución en todas sus formas es inherente a la institución en sí, pero hay signos de que esta disposición se está expresando en todo el mundo cristiano, incluidos los dominios exteriores como Japón.

La experiencia religiosa: las espiritualidades New Age contra las instituciones

Como se observó antes, la desconfianza en las instituciones alcanza una altura nunca vista antes dentro del cristianismo católico. Hay muchos signos de esto, incluyendo la rebelión familiar contra las estructuras y los intentos de derrumbarlas. Pero hay un nuevo indicador que es incluso más amenazador para la institución y es presagio de cambio en el propio catolicismo: la indiferencia. No es una indiferencia que se extienda a la religión en general, no obstante, en ella, las energías antes dedicadas a la institución ahora son deliberadamente reconducidas a la preocupación por la experiencia religiosa personal.

A lo largo de toda su historia, el cristianismo ha alimentado deliberadamente una desconfianza hacia la experiencia religiosa privada. La *contemplatio* de la Edad Media, que movía a descubrir a Dios en el interior y a la unión con lo divino, llevó a opiniones que frecuentemente incurrían en condena o excomulgación. En épocas posteriores, que vieron la necesidad de reconocer el valor inherente a esa tendencia y, sin embargo, mantenerla a distancia de la corriente principal del cristianismo, se habló de ella como «mística».

El propio Eckhart, cuyos escritos fueron declarados sospechosos cuando aún vivía –y hasta la fecha, su condena no ha sido revocada por el Vaticano– se ha convertido en un héroe de la espiritualidad moderna. Es más, se vislumbra un redescubrimiento del interés en el «amor místico» de Hadewijch y Jan van Ruusbroec, así como en la tradición esotérica que incluye de todo, desde brujería hasta alquimia, cristiana y de otro tipo. En todo esto, se percibe un ansia por una experiencia religiosa directa y por la implicación de un contacto directo con una Realidad que ha quedado aprisionada tras las barras de hierro de los textos sagrados y la doctrina oficial.

Hay mucho que aplaudir en tal ansia; pero también hay algo preocupante en la llamada «espiritualidad New Age» en el cristianismo (mi impresión es que es más fuerte entre aquellos que proceden de un contexto católico) y acerca de la industria que ha generado para alimentarla. El interés en el acceso directo a la experiencia religiosa dirigido al autodescubrimiento y la autorrealización es, sin lugar a dudas, un indicador de la frustración con la intransigencia y la actitud reaccionaria de las iglesias organizadas. Pero también es signo de la inmadurez espiritual epidémica que aflige a nuestros tiempos.

Entre otras razones, el énfasis en el personalismo se centra en mejorar la calidad de vida de los individuos, no de las comunidades. Su optimismo de «empobrecimiento» y «transformación» es más una resignación a los males estructurales de la sociedad que una resistencia real. El Taichi, la terapia del arte, los eneagramas, las publicaciones espirituales, el movimiento Feldenkreis, la psicosíntesis, la terapia del cuerpo, ecoespiritualidades y cosas por el estilo, a menudo implican un rechazo de los límites institucionales y los patrones que incluyen la religión y la ciencia. Como resaltó recientemente el agudo observador de la espiritualidad católica Eugene Kennedy:

> Esta actividad intensa no podría existir sin el catolicismo institucional, de cuyas estructuras sobrecargadas proporcionan un escape temporal... Esto no es sino MacEspiritualidad, comida basura para el alma... Es Disneylandia haciéndose pasar por Chartres.[4]

Obviamente, éste no es todo el cuadro de la espiritualidad, pero figura entre las energías más fuertes del catolicismo actual. Los clásicos espirituales de Occidente acumulan polvo, mientras los manuales populistas que se ofrecen a «cambiar tu vida» están ocupando su lugar, cada vez para más personas, incluido un número razonable de clérigos y religiosos.

Si la madurez religiosa no está garantizada por instituciones fuertes, inexpugnables, tampoco es el fruto de una preocupación por la autosatisfacción. Al fin y al cabo no se trata de encontrar el yo y mejorar sus cualidades, sino de percibir el carácter ilusorio del yo y perderlo. Con todo, me parece que el ansia por la experiencia religiosa directa sirve para elevar la atmósfera en la que está naciendo la cristianidad. Ni las espiritualidades centradas en sí mismas ni la intransigencia institucional hacen justicia al espíritu de nuestra época; ambas son, en última instancia, vías alternativas que desechar. Tal vez sea por eso que el antagonismo entre las dos raramente pasa por una confrontación abierta. Es el antagonismo de la

---

4. Eugene Kennedy, «New Age Spirituality», en *Notre Dame Magazine*, primavera de 1992, pp. 22-23.

indiferencia. Mientras una continúa mirando al pasado, la otra se mira a sí misma; ninguna de ellas se molesta por el futuro.

La era venidera de la cristianidad requiere una revolución en la espiritualidad, una madurez más allá de estos primeros pasos hacia una visión que mire adelante y afuera del que mira. Empleo la palabra «madurez» expresamente porque continúo creyendo que es fuera de las energías espirituales malgastadas en la preocupación por sí mismas que una espiritualidad nueva emergerá. Esta madurez está siendo acuciada por otras preocupaciones, algunas de las cuales trataremos a continuación.

La interreligiosidad: el fundamentalismo contra el diálogo

El Dalai Lama destacó en una sesión a la cual asistí el verano pasado que «hoy y en el futuro más próximo, hay dos alternativas: fundamentalismo o diálogo interreligioso». Ésta es, por lo que sé, la primera vez en la historia que una figura religiosa de su estatura hace una declaración de este tipo. A pesar de que pueda no representar la opinión de las masas de creyentes budistas, incluso de los budistas tibetanos, sus palabras señalan, creo, que la interreligiosidad será un ingrediente importante en la espiritualidad que esta naciendo hoy en día.

Las actitudes contrarias hacia otras religiones insinuadas por los términos «fundamentalismo» y «diálogo interreligioso» están muy vivas en el cristianismo. Hay toda una gama de significados contenidos en el término «fundamentalismo», pero en el contexto cristiano lo emplearé para dar a entender básicamente lo siguiente: que la tradición cristiana está en posesión de textos que constituyen la verdad del plan salvífico de Dios para toda la creación y su única fuente completa de referencia; que en estos textos no hay error y no pueden ser contradichos por los descubrimientos de la ciencia o por la experiencia humana de cualquier tipo; y que ninguna otra religión puede llevar a la verdad o a la salvación excepto la que sucumbe a la creencia en estos textos. Esencialmente, está comprometida a caminar de espaldas a todo futuro, incluyendo el propio.

El diálogo, por otra parte, empieza con un compromiso con la pluralidad de las vías religiosas y el desarrollo de la verdad religiosa. No implica un relativismo de todas las vías religiosas –evidentemente, algunas son mejores que otras o más sabias que otras–; tampoco niega el derecho de un cuerpo de verdad religiosa a declarar su absolutidad para sí. Lo que dice, de hecho, es simplemente que todas las vías religiosas están «en camino», en desarrollo, son comprensiones imperfectas de su propia verdad, y de ahí que no sea necesario que una pluralidad de alegaciones religiosas absolutas terminen en una batalla por la conversión de los miembros de unas a otras, sino que puedan llegar a la madurez en proceso de cada una. Camina de frente hacia el futuro no sólo debido a su temperamento que predispone a hacerlo, sino porque no hay ningún lugar en el pasado en el que buscar un camino. En muchos aspectos, en realidad, *debe* volverse hacia atrás al pasado para prepararse para lo que nos espera delante.

Esto no significa que una espiritualidad interreligiosa abandone la meta de convertir el mundo a Cristo. La idea de convertir el mundo a la cristiandad o a la religión cristiana puede ser un anacronismo, pero la esperanza de convertir el mundo a la cristianidad no lo es. Si el diálogo tiene lugar sólo al nivel de convertirse en una teología para la historia de las religiones, de criticar la actitud cerrada y la mentalidad estrecha de una época anterior, entonces no va más allá de la antecámara de sus responsabilidades. La tarea sagrada es la conversión mutua, y ésta es un río en cuya corriente los esfuerzos interreligiosos apenas se han mojado los pies. El mundo ya se ha convertido en un territorio de misión para todas las religiones, pero no debemos permitir que eso convierta la misión en algo parecido a la economía de mercado donde algunos poderes establecidos se refuerzan a través del debilitamiento de otros. No hay «perdedores» en un mundo interreligioso. Sin embargo, a menos que podamos redefinir qué significa «vencedor», el trabajo de construir en serio tal mundo no puede comenzar.

El choque de visiones entre el fundamentalismo y el diálogo no es algo que se limite al círculo de los teólogos de la Iglesia. Es un asunto de importancia para las masas del cristianismo, y los progresos van mucho más lejos que el avance intelectual. Y desde este choque, el cristianismo del futuro está tomando forma.

El conocimiento: la doctrina contra la ciencia

El tercer choque de visiones dentro del cristianismo hoy tiene que ver con la batalla entre la doctrina y la ciencia por el «conocimiento verdadero». Ésta es una batalla que ha estado con nosotros desde el advenimiento de la ciencia moderna, pero se ha convertido en un problema popular para los creyentes comunes en nuestro propio siglo con la expansión de la educación científica y la dependencia de la ciencia en el lugar de trabajo. Sobre este asunto, el cristianismo está claramente dividido y ésta es una división que realmente alcanza el corazón de la cultura occidental actual. La civilización tecnológica en que vivimos está basada en la ciencia, pero cuando se trata de asuntos de religión, todavía preferimos volvernos desde la ciencia a las formulaciones teológicas tradicionales.

El adentrarse en el futuro científico con los ojos de la doctrina religiosa del pasado es, desde luego, una extensión directa del fundamentalismo religioso. Éste considera las revelaciones de la Biblia –y en el caso del catolicismo, también los pronunciamientos de la tradición de la Iglesia– como un modelo para el avance del conocimiento secular. Pero esta es su forma más débil. Aún más peligrosa, y más popular, es la visión de que, después de todo, la religión no tiene que ver con los mismos asuntos tratados por la ciencia. El mundo de la verdad «transhistórica» y las «realidades religiosas» trasciende los progresos de la ciencia, y no puede ser jamás desafiado por ella porque la ciencia no tiene las herramientas para evaluarlo. En ambos casos, el conocimiento religioso mantiene la mirada fija en el pasado como la fuente del valor y discurre de espaldas al futuro del cristianismo. El problema es que cuando se trata de juicios morales concretos, el campo de pruebas para toda la verdad, se deja al creyente individual sumido en la perplejidad. Por un lado están las doctrinas abstractas que flotan en el aire; por otro, los hechos concretos que nos empujan hacia abajo con su inevitabilidad.

La esquizofrenia reclama una cura. No se puede depender del conocimiento científico para la vida, y entonces simplemente dejarlo de lado cuando se trata de las cuestiones de la religión. El deseo de escapar de este enigma ha hecho surgir visiones «cósmicas», comprehensivas, de los tipos más absurdos que declaran aceptar todo lo de la ciencia y justificar todo lo de la religión. Pueden hacer eso, por supuesto, sólo manteniéndose libres de los rigores de ambas para crear una especie de mundo de cuento de hadas que la conciencia intelectual no puede tocar. Las razones del éxito de tales esquemas no residen enteramente del lado de los nuevos visionarios. Durante todo este siglo, mientras la ciencia iba invadiendo el territorio de las verdades reveladas tradicionales, las iglesias cristianas de todo tipo han adoptado una postura predominantemente reaccionaria en relación con la comunidad científica. La reacción contra la teoría de la evolución todavía se da en algunas partes del mundo fundamentalista cristiano. Y en el mundo católico, nada menos que un brillante pensador de la religión y de la ciencia como Teilhard de Chardin fue proscrito y su obra más importante fue condenada y por ello publicada sólo póstumamente. Hoy su pensamiento sigue siendo una inspiración viva para quienes prefieren caminar de frente hacia el futuro del cristianismo. Pero aunque sus ideas han llegado a formar parte de la enseñanza católica en los seminarios de todo el mundo, la teología oficial de la Iglesia todavía no se ha puesto al día acerca de la revolución científica del siglo XVII, mucho menos respecto a los progresos aún mayores de nuestra propia época.

El resultado más importante que se espera del choque es que, de algún modo, las enseñanzas y la persona de Cristo guíen nuestro acopio y uso del conocimiento, sea cual sea su fuente, hacia el bien de todo lo que vive. Esto requiere una *metanoia* que, creo, es otro ingrediente clave en el avance hacia la cristianidad. Cito aquí las palabras de Teilhard en una publicación prohibida en la década de 1930, cuando fueron escritas:

> Nuestra generación y las dos anteriores han oído hablar poco más que sobre el conflicto entre la ciencia y la fe; de hecho, pareció en cierto momento una conclusión inevitable que la primera

> estaba destinada a ocupar el lugar de la segunda... Después de dos siglos de luchas apasionadas, ni la ciencia ni la fe han logrado desacreditar al adversario. Al contrario, resulta obvio que ninguna de ellas puede desarrollarse normalmente sin la otra. Y la razón es simple: la misma vida anima a ambas... Pues no somos seres humanos que tienen una experiencia espiritual. Somos seres espirituales que tienen una experiencia humana.[5]

Tal *metanoia* ve que la escritura primaria es la vida en todas sus formas, que la Biblia, el Canon budista, el Corán por un lado, y las conquistas de la ciencia, por otro, son capítulos distintos. El cristianismo no debe nunca olvidar su obligación de convertir a la ciencia, pero esta conversión no es una doctrina que establezca ciertos *hechos* en torno a los cuales la ciencia deba trabajar. La conversión tiene que ser, más bien, la cristianidad, que no representa una «base» sólida como piedra de toque para distinguir el verdadero conocimiento de lo que no lo es, sino una especie de «cúpula», una elevación que dirige los ojos del trabajador científico desde el asunto que tiene entre manos en dirección al contexto más amplio de la vida.

La cultura: particularidad contra uniformidad

Finalmente, señalaría un choque de visiones entre aquellas que ven la universalidad del cristianismo como un dominio de ciertos patrones determinados y aquellas que ven la universalización como una sacralización de lo específico. La cultura se vuelve un arma de la cual el cristianismo debe aprender a desarmarse. Las iglesias de Asia, África y Micronesia continúan estableciéndose con

5. Theilhard de Chardin, *The Phenomenon of Man*, Nueva York, Harper Torchbooks, 1959, pp. 28ss.

arreglo a las estructuras heredadas de Occidente y formando un clero de acuerdo con la clase de estructura no sólo desfasada varios siglos, sino procedente de una historia que nunca ha sido la suya. La única explicación de la supervivencia de tales hábitos de pensamiento es una convicción, no desafiada, de una superioridad cultural –sea consciente o inconsciente–, que es compartida por líderes cristianos en Occidente y fuera de él.

Este choque ha producido tan poco de cambio concreto en las iglesias centrales, como testimonia la intransigencia del Vaticano, que encontramos una generación de cristianos cada vez más ansiosos por tomar el cristianismo en sus propias manos y sus propias culturas. En la mayoría de casos, eso comporta una separación de las iglesias oficiales. Si estoy en lo cierto y la espiritualidad de la cristianidad continúa dominando cada vez más en las mentes y los corazones de los cristianos de alrededor del mundo, sospecho que veremos más iglesias separadas en los años venideros. En el contexto del choque entre pluriformidad y uniformidad, eso es casi inevitable.

Mientras tanto, dentro de las iglesias oficiales, son todavía las voces más progresistas entre los cristianos colonizados las que siguen haciendo sonar las cadenas de su cautividad. Las respuestas positivas y creativas son demasiado escasas. Hay muchos, por otro lado, que ven la «universalidad» de la Iglesia como un modo de protegerla de ser engullida por la cultura local, como lo fue, por ejemplo, el protestantismo por el militarismo japonés durante la última guerra. Pero el hecho de que esta «universalización» sea indefectiblemente occidental no parece ser más que una molestia menor; de hecho, la otredad es bienvenida, con el resultado de que el impacto sobre las culturas locales es minimizado. En su caso, caminar de espaldas al futuro significa mantener los ojos fijos en Occidente, en los países desde los cuales el cristianismo llegó primero. Caminar hacia delante significa tomar el cristianismo donde aún no ha llegado –en el alma de la cultura con otro acervo religioso.

Conclusión

Los conflictos apuntados arriba son muy reales y el medio habitual de delinear los antagonismos –evangélicos y fundamentalistas de un lado, y teólogos liberales de otro; la curia Vaticana de un lado, comunidades populares de otro– no es mera ficción. Con todo, mi objetivo ha sido hacer un corte a través de esas divisiones acostumbradas para sugerir un choque de visiones entre aquellos obedientes (*ob-audire*) a la época y los sordos a ella.

¿Por qué deberíamos escuchar la época? A fin de cuentas, ¿no está totalmente equivocada? ¿No tiene siempre la religión que estar contra el *saeculum* ahora que nuestra experiencia con la cristiandad se reveló un desastre?

El *saeculum* nunca es puramente secular sino que siempre tiene su lado religioso –una especie de espiritualidad popular– y por tanto, incita a otro conjunto de cuestiones en respuesta a la crítica religiosa de la secularización. ¿No creen todas las religiones en una especie de inspiración superior que trasciende estructuras, individuos y la razón? ¿No se organizan alrededor de la creencia de que su propia supervivencia depende de algo fuera de sí mismas? Entonces, ¿por qué se les debe impedir el acceso a esta inspiración a aquellos que se colocan al margen de las estructuras y la doctrina religiosa convencional? La altura de la descreencia religiosa es rechazar, en principio, la búsqueda del *anhelo* positivo tras la obvia secularización de la época, un anhelo no dirigido por la religión convencional.

Recuerdo que hace muchos años fui llamado a la oficina del rector de la Universidad de Nanzan, Johannes Hirschmeier, porque quería consultarme algunos asuntos. Después de concluir nuestros asuntos, nos sentamos a tomar una taza de té. En un momento determinado, abrió su cartera, sacó un papel y leyó:

> Los padres crecen acostumbrados a descender al nivel de sus hijos y a temerlos, y el hijo estando al nivel de su padre, no siente respecto ni reverencia por sus padres. Y ésta es su libertad. Y los residentes extranjeros son iguales a los ciudadanos comunes y los ciudadanos son tan buenos como cualquiera de ellos... Los maestros temen y adulan a sus estudiantes, y los estudiantes desdeñan a sus profesores y tutores; no hay distinción entre el anciano y el joven; el joven está al mismo nivel que el anciano y preparado para competir con él en palabras o hechos; los ancianos son condescendientes con los jóvenes y están llenos de humor y alegría; temiendo volverse morosos y autoritarios, adoptan las maneras de los jóvenes... Y, por supuesto, no pueden olvidar mencionar la libertad e igualdad de los sexos en relación uno con otro.[6]

Me preguntó qué pensaba de ello y comenté que estaba sorprendido de encontrar un rector de una universidad, cuya influencia tiene tanto peso en las personas jóvenes confiadas a sus cuidados, llevando consigo algo tan negativo. Se rió y me dijo que aún debía conocerle mejor. Había fotocopiado el pasaje de *La República* de Platón, y lo llevaba siempre consigo dondequiera que fuese para recordarse a sí mismo que los muchos problemas de nuestro tiempo o nuestra cultura, que se nos anuncian como

---

6. Platón, *La República* IV [14], 562–563.

nuevos y únicos –y a los que dedicamos muchos esfuerzos y pensamientos-, son tan viejos como la sociedad humana misma. No es que esto los haga menos reales, sino más bien que no debemos permitir que desvíen nuestras conciencias para hacernos pensar que captamos el espíritu fundamental de nuestra época, cuando sólo nos estamos dedicando a problemas periféricos. Aunque nuestras opiniones diferían sobre muchas cuestiones, la sorpresa que me causó me dio que pensar. Hasta el día de hoy, cuando me encuentro con un rector de universidad no puedo evitar preguntarme si las únicas cosas que lleva en su cartera son tarjetas de crédito y dinero.

Creo que el Dalai Lama está en lo cierto sobre la necesidad de escoger entre el fundamentalismo y el diálogo, pero además creo que, en el mundo cristiano y quizás en el budista también, esta elección corresponde a algo más grande que lo que está sucediendo en nuestra época –algo que inspire a los líderes espirituales sensibles a decir tales cosas, algo que instigue a las instituciones de bien, cerradas contra su propia voluntad, a abrirse. Y ese algo, ese «espíritu» debe ser llamado sagrado en tanto que entramos en el próximo siglo. De otro modo, no veo ninguna forma de que podamos afrontar los grandes desafíos morales que se nos plantean por las megaurbes, la globación de la pobreza y la decreciente protección de los derechos humanos, y poder manejar los destrozos del cosmos y de nuestra civilización. No son en sí mismos problemas religiosos sino que *son* problemas para la religión. Su aparición no debe ser utilizada para justificar nuestro alejamiento de nuestra época y volver a los antiguos modos de pensamiento. Son, más bien, la prueba final de cuán sagrado se acaba volviendo nuestro espíritu.

¿En qué momento se encuentra el cristianismo?

A finales del verano de 1997, un grupo de veinticinco misioneros de Asia se reunió en Nagoya para una conferencia de una semana sobre el desafío de los movimientos milenaristas en las iglesias. Se me pidió que prepase un discurso programático para la ocasión.

Mientras leía toda la literatura sobre la cuestión que pasaba por mis manos sobre la cuestión, me sorprendió la coincidencia de la llegada a escena de los movimientos milenaristas y la remisión del cristianismo establecido. En mi discurso, intenté sugerir que la coincidencia, como una gracia –como si fuera un *kairós*–, requiere renunciar al esfuerzo de acompañar el ritmo de los acontecimientos y de dar una respuesta para cada desafío. De esta manera, me planteé la cuestión «¿En qué momento se encuentra el cristianismo?» no como una cuestión concerniente a qué deberían estar haciendo en este momento de su historia las instituciones identificadas con el cristianismo, sino más bien sobre qué parece estar haciendo con el cristianismo la gran historia de nuestro tiempo, ya sea a través de la providencia divina o del mero flujo irracional de acontecimientos.

Publicado simultáneamente en *Metanoia* 8:3/4, 1998, pp. 99–121 y en traducción checoslovaca, en *Česká Metanoia* 18, 1998, pp. 11–32.

Se puede predecir con seguridad que el fin del milenio verá una prodigalidad de nuevos movimientos religiosos que proclamarán el fin del mundo en la forma en que lo conocemos, la confrontación final entre las fuerzas del Bien y el Mal, el hundimiento de la civilización moderna, la aurora de una nueva era y fenómenos apocalípticos semejantes. Se puede predecir con igual seguridad que la Iglesia afrontará estos movimientos más o menos uniformemente con cuestiones como estas:

- ¿Por qué las personas se dejan engañar por tales movimientos cuyas profecías inevitablemente acabarán incumplidas? ¿Qué posible necesidad pueden estar cubriendo?
- ¿Qué puede hacer la Iglesia para salvaguardar a sus fieles de caer presa de engaños de este tipo?
- ¿Qué puede hacerse para revivir la propia doctrina escatológica de la Iglesia y presentarla en una forma nueva como alternativa creíble?
- Con nuestras nuevas tecnologías y comunicaciones, ¿podemos esperar ver algunos movimientos de naturaleza global, que exigirán que la Iglesia una sus fuerzas con las de otras religiones, en el esfuerzo de poner fin a que la comunidad humana más amplia se cause a sí misma más daño?

Independientemente de las respuestas es improbable que cualquier medida razonable y estudiada adoptada por las instituciones religiosas del mundo consiga enfriar la fiebre del milenio. Esto, también, es predecible: las fuerzas desconocidas e incontrolables en el espíritu humano que acogen los puntos clave de la historia con fanatismo religioso no van a dejarse acorralar fácilmente en el foro secular de la academia religiosa o dentro de los espacios sagrados de la religión organizada. Algo muy importante está a punto de suceder en el mundo de la religión y parece haber poco que podamos hacer para prepararnos para ello.

La ilustración teológica de los últimos cincuenta años ha penetrado demasiado profundamente en las instituciones religiosas como para esperar que la Iglesia participe en la mística del fin del milenio de otro modo que en una manera civilizada y dócil. Los estudios bíblicos han avanzado demasiado como para esperar un retorno a la fascinación inicial por las profecías históricas ligadas a fechas y números específicos. Ciertamente, el viraje al siglo XXI no provocará nada parecido a la conmoción apocalíptica que acompañó la transición al siglo XI, con la división de órdenes religiosas e iglesias locales unas contra otras y contra las autoridades centrales. Hay cierto consuelo en esto, pero a un precio: la Iglesia está en una clara desventaja psicológica cuando se trata de afirmar su propia autoridad ante los cultos y movimientos que se alimentan de las supersticiones residuales y las esperanzas encantadas de las masas de creyentes que no están al corriente de los estudios religiosos. A nivel del sentimiento religioso, se trata de una batalla que el cristianismo no puede ganar.

La difícil situación que el advenimiento del tercer milenio plantea para la Iglesia, no consiste meramente en arrojar la fe razonable contra la oscuridad de la superstición. Simboliza un giro que está teniendo lugar dentro de la propia conciencia cristiana. Cada paso que da la Iglesia en dirección hacia o desde el mundo moderno parece estar mellando otra viruta del azogue del espejo hasta que apenas alcance a ver su propio reflejo en el siglo. Nada de lo que hace la Iglesia para adaptarse a la modernidad o confrontarse con ella parece cambiar algo. La competencia dentro de las filas de la institución para destinar sus considerables recursos a liberar a los pobres y a los oprimidos, preservar un medio ambiente frágil, sustentar las creencias tradicionales, la moral y la piedad contra la marea negra del paganismo y la descreencia –todo empieza a parecer, cada vez más, una distracción temporal del cambio de corazón que ha de nacer dentro de la conciencia cristiana. Si la proximidad del ciclo del milenio y los problemas que presenta para las instituciones eclesiásticas, o son meramente accidentales con respecto a este problema profundo, o bien acaban por merecer el nombre de Divina Providencia, es una cuestión que se debe posponer para la discusión a posteriori. Por ahora, es suficiente con constatar la coincidencia.

Leer los signos de la contradicción

Como Jan Van Bragt ha observado:

> La periodización de la historia hallada en la literatura apocalíptica parece corresponder a un deseo humano de saber «qué momento es en la historia».[1]

En los pocos años que quedan para el milenio, seguro que este deseo saldrá a la palestra en la literatura apoca-

---

1. Jan Van Bragt, «Apocalyptic Thought in Christianity and Buddhism», en *Inter-Religio* 31, 1997, p. 7.

líptica de todo tipo que simulará decirnos, en términos vagos, hacia dónde va todo y cuándo llegará allí. Tales cuestiones, ciertamente, serán un acicate para que las religiones tradicionales de todo el mundo ofrezcan su propia lectura de los signos de los tiempos y se esfuercen por hallar una audiencia que la escuche. En todo esto, no hay nada muy novedoso en el contenido racional: se está aproximando el día del ajuste de cuentas para el capitalismo, la ciencia y la tecnología, la cultura urbana, las naciones-estado, la civilización moderna, etc. La crítica de la modernidad ha estado presente desde hace mucho tiempo y el debate está demasiado ampliamente cubierto por la intelectualidad y los medios de comunicación como para esperar argumentos novedosos.

La atracción de la literatura apocalíptica dependerá menos de nuevas enseñanzas que de nuevos modos de fijar el contenido emocional en las críticas ya familiares. Los movimientos religiosos en el cambio de ciclo del milenio que alcanzarán el sentimiento popular son aquellos cuyos símbolos establecerán un vínculo directo, por un lado, entre el deseo profundamente arraigado de conocer en qué momento estamos en la historia y, por otro, el deseo de liberarse del status quo. Y si quieren aprovecharse del clima apocalíptico, también deberán disminuir la capacidad del raciocinio e incrementar la conciencia de una desautorización del status quo. Tomando prestada una frase célebre, combinarán en sí mismos el papel ambivalente que el cristianismo desempeñó una vez pero ya no puede desempeñar: el opio del pueblo, la voz de los oprimidos.[2]

---

2. El pasaje de Marx merece ser repetido sólo porque es poco

Permítanme predecir que en el futuro próximo, los nuevos movimientos religiosos alimentarán con doctrinas irracionales y fundamentalistas a masas de personas desencantadas con el mundo actual, y eso desencadenará una energía que atraerá a un número considerable de fieles cristianos. Vamos a suponer, además de esto, que aunque las principales iglesias como tales no serán arrastradas por las profecías apocalípticas por su propia voluntad, muchos de sus predicadores cederán ante el clamor y hablarán de demonios, apariciones, revelaciones y retribuciones divinas, y en el proceso comprometerán seriamente la voz sensata y sosegada de la reflexión teológica que nuestro siglo ha trabajado muy duro para cultivar. ¿No sería éste el momento preciso para que las iglesias reafirmarsen su autoridad, en un esfuerzo por salvar la religiosidad de esos impulsos más bajos?

Si el presente es visto principalmente como la proyección de un pasado determinado acumulado en un futuro inmediato determinado, entonces, sería lógico que sólo cuando se vea atacado fuera el momento de reaccionar. Pero si esa estructura se quiebra, si la circunferencia se ha aflojado y el centro se ha dispersado, como acontece en los grandes puntos clave de la historia, no hay ya un «interior» definido que proteger contra la amenaza del «exterior». En la medida en que la Iglesia ya no es capaz de enfrentarse a la realidad actual como dueña

---

conocido en su integridad: «El sufrimiento religioso es al mismo tiempo la expresión del sufrimiento real y una protesta contra el sufrimiento real. La religión es el suspiro de la criatura oprimida, el corazón de un mundo sin corazón y el alma de condiciones desalmadas. Es el opio del pueblo». Karl Marx, *Early Writings*, Nueva York, Vintage, 1975, p. 238.

de su propio destino, las decisiones sobre qué corresponde hacer en los nuevos tiempos ya no están en sus manos. El modelo cronológico de extender cierta forma de la presencia institucional al futuro tendrá que dar paso a un discernimiento kairológico de un futuro incierto. No quiero decir que la Iglesia deba, en un momento dado, simplemente deponer sus armas y dejar de hablar a tiempo y a destiempo. Pero, al mismo tiempo, tendrá que aprender a aceptar su propia impotencia como un evento histórico que no se le puede reprochar totalmente a esta época de dureza de corazón.

Los fenómenos de la religiosidad milenarista, sean cuales sean las formas que adoptarán dentro y fuera de las iglesias, tienen más posibilidades de ser aplacados y civilizados por fuerzas seculares que por cualquier esfuerzo combinado por parte de las instituciones cristianas. No hay razón para pensar que las iglesias serán más relevantes para los movimientos religiosos del fin de milenio de lo que son para los movimientos de hoy día. No necesitamos esperar a que la amenaza de los nuevos movimientos religiosos sea inminente para preguntar en qué momento se encuentra el cristianismo en la historia. A nuestro alrededor ya hay señales de que la Iglesia ya está llena de contradicciones a las cuales no está preparada para responder, y que su forma presente su tiempo ha expirado.

En el caso del catolicismo romano, la intransigencia del Vaticano en asuntos como la burocracia de la curia, el clericalismo y la desvalorización de las mujeres contradice poderosamente el *consensus fidelium* de la Iglesia en general y las opiniones declaradas de sus teólogos.[3] Aun así,

---

3. En Asia, el acontecimiento simbólico más reciente es la exco-

esos son temas que dividen a la Iglesia y no a la sociedad como un todo, a la que le importa poco si la Iglesia o cualquier otra institución se halla dividida contra sí misma o no.[4] Las iglesias debieran haber egresado ya de movimientos apocalípticos como los que están a punto de acontecer en esta época, pero poco importa si esta época ya ha egresado de las iglesias –y no meramente debido a una debilidad de carácter sino debido a lo que sólo podemos denominar un excedente de energía espiritual. No es para

---

mulgación del teólogo Tissa Balasuriya. Según su colega de Sri Lanka, Aloysius Pieris, una apelación a la corte más alta del Vaticano, la Apostolica Signatura, contra la ilegalidad del acto fue aceptada por la corte como un caso válido, pero luego fue rechada porque el Papa, según su relato, había dado su aprobación a la excomulgación promulgada por la Congregación para la Doctrina y la Fe, la cual –Pieris nos recuerda no sin cierta animosidad– es «la sucesora del famoso Santo Oficio de la Inquisición» (Véase Aloysius PIERIS, «The Mahāpurisa Ideal and the Principle of Dual Authority», en *Dialogue* 23, 1996, p. 176. Véanse también los libros sobre el asunto: Basil FERNANDO, *Power vs. Conscience: The Excommunication of Fr. Tissa Balasuriya*, Hong Kong, Asian Human Rights Commission, 1997; *Truth and the Ambivalence of Power: Documents Relating to the Excommunication of Tissa Balasuriya*, edición especial de *Logos* 35, pp. 2–3, 1997.

4. No me pasa inadvertida la creciente discrepancia dentro de las iglesias de la derecha: la emergencia de varios tipos de cuerpos de élite conservacionistas y de movimientos reconstuccionistas extraeclesiásticos cuyo llamamiento depende sobre todo de rechazar las instituciones cristianas existentes. La polarización es más clara en los Estados Unidos. Véase, por ejemplo, M. W. CUNEO, *The Smoke of Satan: Profiles of Right-Wing Dissent in Contemporary American Catholicism*, Nueva York, Oxford University Press, 1997 y Pat. ROBERTSON, *The New World Order*, Dallas, Word, 1991. Considero que estos movimientos están menos en contacto con lo que le está sucediendo al cristianismo en nuestra época que las principales iglesias y, por tanto, es más probable que pierdan miembros en los movimientos milenaristas que se opongan a ellos de una forma eficaz.

sorprenderse que en tales circunstancias las voces proféticas de las iglesias hablen de esta energía como extraída de la comunidad de fe, donde tiende a estancarse, para servir a causas y movimientos que prometen una conexión más directa con las necesidades de la época.

Estamos hablando aquí de un modo de percibir el cristianismo muy diferente del modo en que es percibido en las instituciones cristianas dominantes. No por ello carece de valor, pero tampoco resulta más aceptable simplemente por ser ampliamente aceptado. Preguntar, desde el punto de vista de la fe cristiana, en qué momento se encuentra el cristianismo requiere ambas percepciones al mismo tiempo. Es como mirar las cosas con gafas cuyas lentes han sido elaboradas de forma independiente una de otra. A través de un ojo vemos las iglesias cristianas como, en gran parte, irrelevantes; a través del otro, como un depósito de la historia cristiana digno de confianza. La imagen resultante es mareante y borrosa. Ojalá hubiera algún lugar donde pudiésemos quitarnos las gafas y mirarnos a nosotros mismos objetivamente, en una especie de percepción inmaculada y libre de prejuicios, donde pudiésemos cultivar nuestra fe con certidumbre. El único modo seguro de acabar con el dolor de cabeza que provoca ser cristiano en el ambiente espiritual de finales del siglo XX parece ser cerrar un ojo u otro, ganando en paz de conciencia lo que se pierde con profundidad de visión.

Debemos tener cuidado de no reducir el problema a un simple dilema de percepciones rivales, una cristiana y la otra no. Los signos de contradicción se han enroscado en la conciencia cristiana misma en su alerta máxima. Las ideas más persuasivas de la teología contemporánea, forjadas de común acuerdo con la crítica de la religión organizada –el diálogo interreligioso, la inculturación y la ortopraxis– parecen conducirnos no a una renovación institucional sino a una aporía.

Para una minoría de la Iglesia, si bien una minoría con poder de autoridad jerárquica, tales ideas han demostrado ser un flirteo peligroso con fuerzas hostiles al cristianismo, ya sea porque erosionan la fe con la creencia secular o porque exponen creencias tradicionales a la relatividad, la superstición y la secularización. Para una mayoría de creyentes afiliados a la Iglesia, estas ideas se han convertido en parte de la atmósfera intelectual en que el cristianismo debe renovarse. A fin de respirar ese aire libremente, cada vez más cristianos se están uniendo a las filas de aquellos que están fuera del cristianismo organizado, a quienes la lucha ideológica con la iglesia institucional llama poco o nada la atención. Esto es lo que quiero decir al sostener que esas ideas terminan en aporía: el intento de apropiarse de los frutos de la reflexión teológica contemporánea proyecta una duda sobre la propia institución.

El diálogo interreligioso y el rechazo de la autoridad doctrinal

Consideremos la participación cristiana en el diálogo interreligioso. Al menos durante el tiempo en que he estado envuelto en el diálogo formal entre las religiones de Asia, el énfasis ha sido repensar la doctrina, situándola históricamente, reconociendo la relatividad de las formas en que se expresa, incluida la relatividad de los modos a través de los cuales basa su reivindicación de ser absoluta. Mientras que otras formas de encuentro interreligioso se han centrado en el ritual, la meditación, la oración y la acción social, el diálogo entre estudiosos se ha preocupado por ser razonable no sólo para aquellos que participaban en él sino para cualquier persona en cuyas manos pueda caer la literatura existente sobre el tema en cuestión. Aquellos que llegaron al diálogo buscando nuevas formas de autocomprensión y nuevas expresiones de viejos símbolos, se han encontrado en un foro que requiere y recompensa la disciplina de un pensar claro. Las críticas mutuas y la apreciación del diálogo en su mejor forma siempre se han movido por el deseo de, finalmente, dar sentido. Por todo eso, tal como se nos recuerda una y otra vez, el diálogo ha fracasado en dar sentido a las instituciones dominantes de la fe cristiana y ha empeorado el sentimiento hacia los líderes de la Iglesia en los países cuya herencia espiritual fundacional es otra que la cristiana.

Entretanto, la espiritualidad de nuestra época ha avanzado por su cuenta. Las masas de aquellos que se han visto impulsados por el clima de la época a hacer una reclamación de la verdad de las religiones del mundo como la propia herencia legítima no han suscrito, por lo general, las convenciones del foro dialógico, y mucho menos han prestado atención a los avisos y prescripciones de las religiones organizadas. Una minoría cambia su afiliación de una religión a otra; un gran porcentaje simplemente lleva a cuestas de la religión en que fueron educados, una segunda religión;[5] la mayor parte está satisfe-

---

5. Datos recientes confirman que sólo una pequeña minoría de aquellos educados en los países tradicionalmente cristianos que se convirtieron al budismo ve esto como la exigencia de una conversión *del* cristianismo *a* una fe no cristiana. Una encuesta reciente hecha en Francia a mujeres que se hicieron budistas reveló que sólo el 8% de ellas reconocía tal exigencia. Véase K.-F. Daiber, *Religion unter den Bedingunden der Moderne*, Marburgo, Diagonal, 1995, p. 151.

cha con una espiritualidad de ver para creer, que no promete lealtad a ninguna religión en particular y no asocia la experiencia religiosa inmediata a una afiliación religiosa.[6] Cuanta más disciplina y esfuerzo pone una tradición de fe en tomar seriamente las verdades de otra tradición,

---

6. En algunos casos, hay una correlación directa de disociación, como los datos de experiencias de muerte inminente (NDE) muestran. Una indagación profunda realizada en Australia a cincuenta personas con NDE revela que la mitad de la muestra (46%) declaró no tener religión en el momento de su NDE (la muestra de la población general era del 16%). De ésta, dos tercios habían recibido una educación religiosa, pero habían abandonado la religión antes de la NDE. Posteriormente, el 84% declaró no tener religión. Sólo 2 personas volvieron a la religión –1 al budismo y 1 al catolicismo romano. Ambas alegaron que la NDE no tenía nada que ver con ello. Las actitudes hacia el valor de la religión organizada y la asistencia a la iglesia cayeron acusadamente después de la NDE. Por otro lado, las actitudes experienciales hacia la religión se incrementaron dramáticamente: la importancia de la oración, el 48% a 74%; meditación, el 12% a 60%; la búsqueda de valores espirituales, el 20% a 88%; y guía espiritual, el 32% a 86%. Véase Cherie SUTHERLAND, *Reborn in the Light*, Nueva York, Bantam, 1992, pp. 94–111. Un estudio menos riguroso, más impresionista, como resultado de la experiencia NDE de la propia autora, que cambió su vida, y las discusiones con otras personas, concluye lo siguiente:

> Un tercio de las personas que entrevisté continuaban en el marco religioso tradicional después de las experiencias de la muerte inminente... Los dos tercios restantes, con todo, se mantenían al margen de las afiliaciones religiosas o, desde un principio, no habían estado involucradas en ellas. Para estas personas, el camino espiritual se convirtió en algo superior una vez cambiaron de patrones y dogmas por una relación personal, íntima con Dios. Sorprendentemente, un número mayor se unió o apoyó en algún tipo de filosofía o iglesia organizada y estructurada, algunas incluso iniciaron sus propias iglesias.

Phyliss ATWATER, *Beyond the Light: What Isn't Being Said about Near-Death Experience*, Nueva York, Birch Lane Press, 1994, p. 144.

más parece que nuevas espiritualidades surgen para entrecruzar vocabularios, conceptos y símbolos sin pensar en los mínimos requisitos racionales para mantener cualquiera de las dos tradiciones a través del tiempo.

Para las serias expectativas de la academia, mucho de eso parece censurable; para quienes están implicados en el experimento de la interreligiosidad, las exigencias del diálogo académico parecen cosas pintorescas y anticuadas. En lo que ambas partes coinciden, desde sus muy diferentes apropiaciones del encuentro entre religiones, es en que respiran fácilmente en un mundo religioso plural y encuentran los esfuerzos de las iglesias tradicionales para afirmar su autoridad doctrinal contra ese mundo cada vez más sofocantes.

La inculturación y el rechazo de la cultura cristiana

La idea de la inculturación ofrece un segundo ejemplo de una percepción cuyo avance en la conciencia cristiana viene acompañado por un rechazo de la confianza en el papel de la Iglesia en el mundo. El paradigma de una «cultura cristiana» universal, problemático desde hace mucho tiempo en Asia, África y América Latina, ha perdido su poder de persuasión en Occidente. En los círculos teológicos, la noción de inculturación ha sido avanzada como un antídoto contra la identificación exagerada del cristianismo con un marco cultural determinado, una identificación reforzada por los avances científicos, económicos y tecnológicos que han impulsado a los países cristianos clásicos de Occidente a una posición de liderazgo en el mundo.

La idea de una verdad cristiana transcultural, no obstante, continúa gozando del apoyo de la Iglesia. Para citar las palabras pronunciadas recientemente ante un auditorio asiático por el Cardenal Prefecto de la Congregación para la Doctrina de la Fe:

> No se trata sólo de que la convergencia de la humanidad hacia una comunidad única con una vida y un destino comunes sea algo que no podemos detener porque tal inclinación se funda en la esencia del hombre, sino también porque la difusión de la civilización tecnológica es *irrevocable*...
>
> Eso altera la interpretación del mundo en su base. Cambia modelos y comportamientos. El cosmos religioso es *necesariamente* desplazado por ella... La división de la herencia de Occidente en algo útil que se acepta, y lo extranjero, que se rechaza, no conduce a la salvación de las culturas antiguas.[7]

Ésta es precisamente la visión del mundo contra la que luchan los estudiosos de la teología de la inculturación, al tiempo que se esfuerzan por disociar la idea de una simple suplantación de un nacionalismo o etnocentrismo por otro. Sin embargo, mientras escudriñan las escrituras y los arcanos del legado cristiano en busca de maneras para arreglárselas con la realidad cultural de las creencias y prácticas religiosas discordantes con la tradición cristiana recibida, las iglesias que no son de Occidente permanecen internadas en una especie de ciudadanía de segunda clase.

La «tercera iglesia», cuya venida los profetas de la misiología anunciaron hace una generación, apenas tuvieron tiempo de atarse los cordones de sus zapatos antes de que su entusiasmo inicial se hundiera en sentimientos de amarga decepción. Como explica Raimon Panikkar:

> Preocupado por su crecimiento interior y autocomprensión... el pensamiento cristiano ha sido más bien introvertido. Ha de-

---

7. J. Ratzinger, «Christ, Faith, and the Challenge of Cultures», *op. cit.*, pp. 683–684. Énfasis añadido en la cita.

> sarrollado su teología dentro de los límites culturales del mundo occidental y sus colonias... Se ha dicho repetidas veces, principalmente por parte de fuentes asiáticas, que la autoconciencia cristiana nunca... se aplicará la *metanoia* a sí misma.[8]

Mientras tanto, la «cultura» en la que se dice que el cristianismo comenzó a crecer y floreció se ha fragmentado tanto en la mente moderna que difícilmente puede mantener unida su identidad sin apelar a su progreso en la producción de bienes, el marketing de sus servicios e información y la acumulación de capital. En otras palabras, como los críticos de la modernidad nos recuerdan con regularidad ininterrumpida, cuando las personas de las culturas cristianas clásicas hablan de revolución cultural, revalorización cultural o iluminación cultural alrededor del mundo, piensan principalmente en el «desarrollo» de esas áreas en las que Occidente lidera el mundo. Pocos miran con confianza el pasado religioso de Occidente en busca de paradigmas.

Aquellos que, desde la posición de la fe, buscan preservar la diversidad cultural y miran al futuro de las formas de cristianismo no occidentales son sistemáticamente apartados fuera del cuadro por una Iglesia institucional que parece presa de la vocación neocolonial de cristianizar una cultura global.

La ortopraxis y el rechazo a la moral cristiana

Una tercera idea principal de esta época, cuya diseminación en la conciencia cristiana ha plantado semillas de duda acerca de las propias instituciones cristianas a las

---

8. Raimon Panikkar, «Are the Words of Scripture Universal Religious Categories?», en *Archivio di filosofia* 60/1–2, 1992, p. 383.

que tenía por objeto servir, es la ortopraxis. El alcance de este término se extiende desde la lectura que hace la teología de la liberación de las escrituras al desarrollo de legiones de asociaciones profesionales de acción social en nombre de principios cristianos. Para complementar los patrones de la ortodoxia, los patrones de la ortopraxis buscan tomar en consideración las consecuencias concretas de la doctrina cristiana en el mundo histórico. A diferencia de la ortodoxia, la crítica de la praxis no se dirige a esclarecer las antiguas enseñanzas o a denunciar nuevas herejías a la luz de las escrituras o la tradición, sino a evaluar las formas rituales, lingüísticas, simbólicas e institucionales en que la doctrina está revestida en sus efectos sociales y ambientales.

Era sólo una cuestión de tiempo que se dibujase el círculo vicioso: cuanto más resistían las autoridades de la Iglesia la intrusión de la filosofía social en las cuestiones doctrinales, más intensamente el foco de la crítica dio un giro hacia la complicidad de la Iglesia con los males impersonales e institucionalizados de nuestra época; y cuanto más era criticada la autoridad de la Iglesia, más cedía la resistencia el paso a la condena.

Entretanto, el papel de la ortopraxis en la teología prospera y crece más fuerte en contacto con el humanismo secular actual. No hay duda de que la preocupación moral por cosas como la preservación de la tierra y sus formas de vida, el lugar de la mujer en la sociedad, la protección de la diversidad étnica y cultural, y el derecho a un buen trabajo –todo ello ha encontrado su lugar en la ética cristiana no como resultado de la reflexión sobre sus propias fuentes sino escuchando las voces de fuera de la religión organizada– ha dado una nueva vitalidad a la empresa teológica. También ha elevado el sentido de urgencia acerca de liberar a la teología de servir a sus propios intereses. Pero incluso sucediendo todo esto, cuando se trata de los asuntos morales más críticos de hoy en día, la autoridad del magisterio de la Iglesia oficial y, por asociación, de sus teólogos, ha sido confinada cada vez más fuera del panorama, hasta el punto de que la ética cristiana hoy se agarra a los vuelos del siglo para poder sobrevivir.[9] El descubrimiento y el ejercicio de modelos de ortopraxis, lejos de estar en contra de esta tendencia, ha acabado levantando dudas sobre la capacidad del cristianismo institucional para decir algo significativo a sus fieles sobre la moral si no es primero franqueado con la aprobación del humanismo general actual.

El siglo xx ha visto al cristianismo convertirse de una posición de confrontación con el mundo moderno en una posición de apertura crítica. La idea de las iglesias como oasis de verdad y sanidad dentro del mundo pero no de él, como voces de creencia clamando desde el desierto de la descreencia, parece pertenecer a otra época. Con todo, ninguno de aquellos que han trabajado para que hoy día tuviera lugar esa conversión podría haber imaginado que se llegaría al punto en que nos encontramos hoy, donde cada paso dado hacia una puesta al día hunde la Iglesia más profundamente en el anacronismo, donde los creyentes que quieren una visión del mundo en la que situar sus preocupaciones morales y los símbolos centrales de su fe cristiana se vuelven hacia espiritualidades de carácter místico, esotérico, pre-cristiano e incluso mágico. La fe cristiana va a la deriva desde el

9. He abordado esto en el ensayo «Salud católica», incluido en el presente volumen.

fanum de la Iglesia hacia el *paganum* de la época. Yo lo considero un hecho sociológico, abierto a interpretaciones y estrategias opuestas, pero sin duda un hecho. Y alrededor de este hecho, como los planetas alrededor del sol, giran las contradicciones cuyos signos son cada vez más evidentes.[10]

Discernir el *kairós*

La perspectiva desde los muros del cristianismo organizado, por lo menos desde el punto de vista esbozado arriba, no es prometedora. Para la Iglesia, el camino que tiene por delante hasta el fin de siglo parece estar condenado de antemano a ser una disputa con un adversario imaginario, el siglo, en el vano esfuerzo por identificar lo que está drenando la sangre de la vida de las estructuras eclesiásticas. En tales circunstancias, el curso lógico parecería ser lanzar una llamada para una reforma interna completa, reunir cuantos esfuerzos se pueda en torno a ideas inspiradoras como las del diálogo, la inculturación y la ortopraxis, enarbolándolas muy alto en una pancarta, gritándolas más fuerte desde los púlpitos, clavándolas en las puertas de las catedrales. Podría ser que así fuese, pero no tengo esa impresión. En el espíritu de esta conferencia sobre los movimientos milenaristas,

---

10. Un ensayo exhaustivo escrito por Georges de Schrijver, *The Paradigm Shift in Third World Theologies of Liberation: From Socio-economic Analysis to Cultural Analysis*, Lovaina, Bibliotheek van de Faculteit Godgeleerheid, 1996, relata los pasos mediante los cuales el encuentro positivo con el mundo moderno que la Iglesia católica adoptó en el Vaticano II y Medellín permitirá una posición defensiva y un revisionismo.

quizá me perdonarán si toco algunas notas más, en clave de predicción, antes de ofrecer unas sugerencias específicas.

La Iglesia no va a reformarse.[11] Supongamos que concentrase su voluntad en eso; nada que pudiese lograr por redistribuir la autoridad existente y los recursos –los temas centrales de debate habituales– le ayudaría a arreglárselas ante los inminentes cambios de la historia cuyas dimensiones son aun más radicales. Incluso el auditorio de los más preparados para discutir estas cuestiones desde un sentido de obligación o una aprehensión por el futuro de la Iglesia ya es demasiado pequeño para cargar con el peso de mantener la historia del cristianismo viva en el próximo milenio. Esto dependerá de una visión más amplia del cristianismo que el eclesiástico.[12] La gran marca de agua de la presencia institucional alrededor del mundo ha sido alcanzada y sus mareas están bajando. Posiblemente podría objetarse que la «Iglesia» no es principalmente la institución con sus gobernantes burocráticos, funcionarios y autoridad jerárquica, sino el núcleo de los fieles. Pero éstas son distinciones teológicas que palidecen frente al hecho de lo que les está sucediendo a

11. En un coloquio mantenido hace veinte años y publicado como *Toward Vatican III: The Work that Needs to be Done*, ed. por David Tracy con Hans Küng y Johann Metz, Nueva York, Seabury, 1978, una gran preocupación de muchos de los participantes fue salvaguardar las conquistas del Vaticano II contra los intentos de la autoridad central de minarlas. Hoy el plan de un Vaticano III tendría, desafortundamente, que centrarse todavía en esa misma preocupación.

12. He abordado estas cuestiones en un ensayo titulado «Cristianismo hoy: la transición hacia el desestablecimiento», incluido en el presente volumen.

las principales iglesias cristianas. El cristianismo atraviesa un punto crítico en estos tiempos.

Dicho esto, la Iglesia será reformada. Pataleando y gritando o cojeando y gimoteando, está siendo apartada de su pasado y llevada a un futuro nuevo y muy diferente. La importancia de la Iglesia institucional como representativa del depósito de símbolos y creencias cristianos –es decir, los papeles desempeñados por las formas disciplinadas y devotas del cristianismo institucional a escala internacional y local– no puede ser simplemente rechazada. Al contrario, tendrá que desempeñar un papel más fuerte que el que desempeña ahora. Para que esto suceda, las iglesias necesitarán una noción distinta de «fuerza».

Los modelos actuales de afiliación y organización tendrán que cambiar. Dudo que esta clase de cambio pueda ser planeado, incluso por la mejor reflexión teológica. Su naturaleza es más bien la de un acontecimiento histórico que testimoniar y entonces denominar, no como una retribución divina contra una humanidad pecadora sino como la llamada a una vocación más elevada. El éxodo de fieles de los bancos de las iglesias, por un lado, y el continuo desinterés por las ideas teológicas, por otro, seguirán a un ritmo acelerado. Cuánto el cristianismo tendrá que ser sangrado de su poder eclesiástico y posesiones terrenales antes de recuperar su fuerza es difícil de decir. Lo que me parece claro es que el desestablecimiento radical apenas ha comenzado.[13]

---

13. Hubo un tiempo en que éste fue el juicio de los místicos, visionarios y un puñado de teólogos clarividentes. Este verano descubrí un libro del Cardenal Josef RATZINGER, *La Sal de la Tierra*, Madrid, Editorial Palabra, 1997, en que el jefe de la oficina más poderosa del Vati-

Si es así, y la crisis que está haciendo pedazos la Iglesia (κρινεῖν) es, de hecho, una oportunidad agraciada (καιρός), entonces, las líneas de división y de interacción entre el genio del cristianismo y el genio de la época necesitan ser trazadas de nuevo. No podemos apelar simplemente al modelo de la gracia fluyendo desde el espacio exterior y el tiempo exterior a través de la Iglesia y hacia el mundo. Tampoco sirve de mucho pensar en términos de una hidráulica espiritual, en la que una charca de religiosidad humana es drenada, canalizada, embalsada o, de otro modo, desviada de una fuente común a diferentes destinos. Ambos modelos se inclinan por un tipo de elitismo que sitúa al observador por encima del curso de los acontecimientos, mirando las cosas desde fuera y decidiendo quién ha comprendido lo esencial del espíritu de los tiempos y quién lo ha malinterpretado o se ha distraído por cosas accidentales.

El hecho es que todos estamos presos del juego de claroscuros. Para ver esta época como *kairós* se precisa una espiritualidad de atención crítica a lo que está aconteciendo, lista para discernir la diferencia entre lo que hay que hacer y lo que hay que dejar de hacer. En los términos clásicos de la sabiduría asiática, es el aprendizaje del arte de hacer que es un no-hacer y un no-hacer que es un hacer.

La fe cristiana se convierte en un arquetipo de un «Espíritu Santo» para explicar los cambios radicales que tienen lugar por razones desconocidas e incontrolables, pero en los que debemos encontrar un modo de confiar.

---

cano reconoce que la reducción de la presencia institucional de la Iglesia católica en el mundo va a ser todavía más dramática (pp. 18–19).

A quienes no comparten ese sentido de confianza, la creencia no puede parecer más que ciega resignación al curso de los acontecimientos. Saber esto no equivale a obtener un acceso a la información sobre el mundo cerrado a los poderes de la razón. El fundamento de la confianza en la historia como providencia no está basado en los *datos* del pasado, sino en los *actos* que se seguirán de ellos. Ésta es una característica peculiar de la creencia en un Espíritu Santo: sus fundamentos residen en el futuro; su justificación reside en la experimentación con su verdad, en la historia que acontece inmediatamente ante nosotros. En los momentos decisivos de la historia, como el que afronta en nuestra época el cristianismo, esta experimentación nunca es simplemente cuestión de una determinación a preservar el modo en que las cosas han sido o una simple resignación al modo en que están sucediendo. Tampoco es cuestión de proyectar planes para una revolución indiscriminada de las instituciones existentes. Siempre es constantemente una mezcla de dejar ser y hacer ser, a una escala lo suficientemente pequeña como para caer dentro del alcance del discernimiento y de la apropiación del individuo. El arte de discernir el *kairós* no puede ser manejado jerárquicamente. Se ejerce en los niveles más básicos de la estructura social o no es ejercido. Ante este trasfondo de suposiciones, me gustaría ahora aproximarme a sugerencias más concretas.

Modus vivendi, modus moriendi

Puede ser que las tres ideas centrales que he destacado como signos de las contradicciones dentro de la Iglesia –diálogo, inculturación y ortopraxis– se limiten a un vocabulario teológico y una lógica cuya influencia está en declive, incluso entre la mayoría de cristianos, pero esto no es debido a que las intuiciones que les ofrecen se hayan agotado. En el caso del cristianismo institucionalizado, no es que han sido probadas y halladas deficientes, sino que no hayan sido probadas. Apuntan, creo, tan claramente como las ideas pueden apuntar hoy, a la necesidad de circunvenir las confrontaciones con las autoridades eclesiásticas y trabajar en nombre de una misión cristiana alternativa. La mitad de la misión tiene que ver con aprender cómo morir dignamente a lo mucho que nuestra misión heredada construyó; la otra, aprender a reconstruir lentamente y a una escala apropiada estructuras adecuadas para la conducta de la fe cristiana hoy. Veamos ahora más de cerca la clase de decisiones que este vivir-en-el-morir implica.

Es preciso que se den pasos para contener el mantenimiento de las instituciones cristianas de manera que no menosprecien las sensibilidades espirituales de la época.

La ética de crear fondos para los pobres o mantener organizaciones para servirlos invirtiendo algunas monedas en las propias estructuras que sistematizan esta pobreza, todavía no está muy clara. La simple acusación moral no es bastante. Obviamente, ninguna misión comprometida en propagar la fe puede sobrevivir sin un fundamento teológico comprensible. Debería ser también evidente que ninguna misión puede permitirse erigir instituciones y proporcionar servicios sociales sin ser consciente de las consecuencias económicas de lo que está haciendo. El mero hecho de que los mercados del mundo hayan sido incorporados en un mercado mundial cuyos mecanismos quedan lejos del alcance de aquellos que mantienen las instituciones religiosas, y cuyas complejidades eluden las herramientas de la teología moral recibida, no justifica la ignorancia del problema cuando se decide sobre la protección y la difusión de las organizaciones existentes. Si aquellos que se comprometen a trabajar en las fronteras de la Iglesia, sus misioneros, no pueden hacer nada mejor que encoger su conciencia según el tamaño de las leyes que gobiernan las economías internacionales, hay poca esperanza de un garboso desestablecimiento de más y más de esas estructuras centralizadas de la Iglesia que están en discordancia con su propio compromiso para aquellos que han sido víctimas del orden económico reinante. En tales asuntos, como le gusta decir a Aloysius Pieris, el magisterio pastoral de los obispos y el magisterio académico de los teólogos no tiene sentido sin el «tercer magisterio» de la pobreza.[14]

Afortunadamente, ésas son cuestiones que la misión cristiana no necesita afrontar sola. El coro creciente de voces del mundo budista del sudeste asiático, que muchas veces ha encontrado una fuerte oposición por parte del budismo institucional, ha abierto el camino a la colaboración con los cristianos de la misma opinión para repensar la presencia institucional de la religión organizada.[15] Pero hay pocas oportunidades de apertura del orden moral del cristianismo para la reflexión budista, y viceversa, sin un compromiso común al que he denominado las sensibilidades espirituales de una época. Tan difícil como resulta esto para las principales iglesias del

14. Aloysius Pieris, «Interreligious Dialogue and Theology of Religions: An Asian Perspective», en *Horizons* 20, 1993, pp. 106–114.

15. A propósito de esto, véase John D Arcy May, «Development without Violence? Some Buddhist and Christian Sources for Development Ethics», *Seeds of Peace* 13/1, 1997, pp. 18–25.

Occidente cristiano, los problemas se multiplican en muchos países de Asia, donde ni siquiera el pluralismo y la disensión dentro de la Iglesia ha sido parte esencial de la identidad cristiana y donde el contacto tolerado con la religiosidad se ha dado sólo a un nivel formal.[16] Para las iglesias de Asia, la frontera del cristianismo empieza no con el encuentro con el budismo sino con un paso atrás: en el punto de disociar la conciencia cristiana de la convención social y volverla a conectar con los ritmos más profundos del alma indígena.

Serán necesarios esfuerzos para resituar el centro de la teología asiática desde su posición actual en los seminarios occidentales a un clima más adecuado y cercano a la religiosidad nativa de las culturas asiáticas.

El intento de crear una teología asiática exiliando a los estudiantes seminaristas asiáticos en las universidades de Occidente para armarlos con ideas «universales» y metodologías «neutras», repatriarlos a sus tierras natales y luego colocarlos como profesores de pensamiento cristiano conlleva, inherentemente, la propia derrota. Los doscientos millones de cristianos de Asia ya hablan este lenguaje prestado. Y no sólo eso, se seleccionan las mentes jóvenes más prometedoras, en medio de sus estudios, para llevarlas a estudiar en el extranjero y disciplinarlas a los modelos teológicos, que por actualizados que estén,

---

16. En Japón, por ejemplo, desde la época de la restauración Meiji había una política deliberada para restringir la importancia del cristianismo a una marca, esto es, la clase alta europea, que se concentraba en las instituciones sociales y la educación. La creencia popular, en gran parte ocultada a la cultura japonesa, era vista como una superstición inferior, y como resultado, el cristianismo casi nunca consiguió penetrar en el psiquismo japonés.

se basan en los estándares extranjeros. Igualmente, imponer el currículo europeo a las escuelas teológicas asiáticas, desaprovechando la rica mina de fuentes religiosas que tienen a su alcance para después pedirles que adapten lo que han aprendido a su propia cultura, equivale a trivializar toda la empresa teológica.

No hace falta decir que la solución no es aislar al cristianismo asiático de todo contacto financiero y educacional con las iglesias de Europa y de los Estados Unidos. De hecho, la experiencia demuestra que los misioneros formados localmente con sus propias fuentes corren el riesgo de deslizarse de una posición anti-occidental a una nacionalista, lo que lleva a que su actividad misionera se vuelva tan colonialista como la que están rechazando. No ha de sorprendernos que las formas separatistas del cristianismo también acaben aislándose de la universalidad que tendían a engrosar.[17]

Al mirar alrededor a lo que está sucediendo con la confluencia de las naciones modernas, los arsenales nucleares y las finanzas globales, la misión cristiana ya no puede alardear de que «el mundo es nuestra parroquia».

---

17. Durante este siglo, Japón ha visto numerosos ejemplos de movimientos nativos cristianos que se desviaron del cristianismo occidental en una tentativa de remediar lo que percibían como una forma de colonización. Aunque algunos de ellos han disfrutado de un éxito modesto, su fracaso en llegar a dominar en los países sede de la misión cristiana hizo que permanecieran en su mayor parte desconocidos para el cristianismo japonés en las iglesias principales. Véase Mark MULLINS, «Christianity as a New Religion» en Paul SWANSON et. al., eds., *Religion and Society in Modern Japan*, Berkeley, Asian Humanities Press, 1993, pp. 257–272, así como su estudio, *Christianity Made in Japan: A Study of Indigenous Movements*, Honolulu, University of Hawai'i Press, 1998.

La parroquialización de las culturas como si fueran hijas de una misma Madre Iglesia –llámese cuerpo de Cristo o nuevo orden global– ya no puede aceptarse y la tradición teológica que la apoya necesita una pluralidad radical que aún no ha alcanzado. Repetidas veces las principales iglesias se han mostrado recalcitrantes a las reformas en este aspecto, con el resultado de que muchas de las mentes creativas de la teología asiática pierden el tiempo haciendo sonar las cadenas de su cautividad en la prensa académica en vez de comenzar a elaborar su teología con las fuentes asiáticas. El clamor para llamar la atención es tan ensordecedor como muda ha sido la respuesta misionera.

> *Habrá que invertir recursos en la creación de formas alternativas de vida familiar, en particular en los centros urbanos.*

Cuando vemos las iglesias y las catedrales del cristianismo convertidas en museos, los seminarios vendidos para ser usados con todo tipo de finalidades desde prisiones a centros de investigación, y los monasterios y casas religiosas vaciadas para ser usadas como apartamentos, es difícil no admitir que le está sucediendo algo dramático a la «comunidad cristiana». No es simplemente que las finanzas de la Iglesia estén pasando un período difícil o que su arquitectura ya no exprese o realce los valores que mantienen unidos a los fieles. Cuanto más nos acercamos al pulso de la civilización en las modernas megalópolis, más se hace evidente que las propias estructuras básicas de la sociedad sobre las que descansaba la comunidad cristiana se han desmoronado y las piezas se han juntado en alianzas provisionales y sueltas, con el fin de adecuarse a la movilidad de la moderna ética del trabajo y del entretenimiento. Para quienes viven en un ambiente urbano, que es una mayoría creciente del planeta, el término «familia» ya no connota el hogar de padres e hijos que conviven bajo un mismo techo. El cuerpo de la misión de las iglesias parece, por lo general, haber aceptado estas circunstancias como síntomas de alguna enfermedad más profunda, a la cual es mejor enfrentarse trabajando para cambiar las cosas dentro de los límites impuestos por la vida urbana normal.

Para los más aventureros, esto significa identificarse con las condiciones de los pobres de las ciudades a fin de trabajar conjuntamente para mejorar dichas condiciones. Los desafíos a las estructuras básicas, que afectan tanto a ricos como a pobres, que han tenido éxito, con todo, han sido tan abstractos e ineficaces después de compromisos públicos con «la opción fundamental por los pobres» como antes.

No es preciso cavilar mucho para darse cuenta de que ponerse del lado de los pobres no puede traducirse simplemente en la opción de vivir como los pobres, puesto que el hecho de tener la opción es un lujo negado a los pobres y porque pocos pobres en su sano juicio a los que se diera tal opción, optarían por ella. El desafío que se presenta a la misión es repensar la riqueza y la suficiencia a la luz de los símbolos de la fe cristiana, para concebir una arquitectura agradable a este repensar y construir modelos para trasladar la idea de la utopía a la realidad de la ciudad moderna.

Cualquiera que sea la versión que vaya a crearse de una «vida simple» sostenida por un «buen trabajo» y unas «relaciones familiares estables», posiblemente demandará fuentes financieras considerables para ser llevada a cabo, fuentes que deberían ser desviadas de las instituciones de servicios tradicionales. De momento, sólo las personas muy ricas pueden permitirse vivir en la ciudad a una distancia del trabajo que puede ser recorrida en bicicleta, comer verduras frescas cultivadas en la región y libres de productos químicos, vestir ropas no importadas del otro lado del mundo y participar en la educación diaria de los niños en sus hogares. Nada indica que los modelos actuales de «desarrollo urbano», sean cuales sean sus motivaciones, pueden aun soñar con hacer de ello una posibilidad para el ciudadano común. Es difícil imaginar una reinversión de las finanzas empleadas para apoyar a las instituciones moribundas del cuerpo misionero de la Iglesia más apropiada que usarlas con la vocación de crear una vida familar simple y sostenible en medio de las ciudades alrededor del mundo. Lo único que falta es la voluntad y la disciplina para empezar.

Mientras que se dirija el foco al primer plano del orden del día de la Iglesia, gran parte de lo dicho arriba puede parecer impracticable y precipitado. Pero cuando se ajusta el foco para recuperar la visión del trasfondo más amplio de una conciencia cristiana lentamente disociada de la afiliación cristiana, de una Iglesia institucional en el proceso de reducirse a la fracción de su fuerza y tamaño actuales, las posibilidades ya no parecen tan forzadas y poco realistas. Dejemos a los funcionarios de las instituciones eclesiásticas decidir si quieren acoger las expectativas del *kairós* que está proyectando su sombra sobre su calendario diario. Entretanto, el modo en que la misión dirija sus esfuerzos y las fronteras en las que los emplee tendrán importantes consecuencias para quienes escogen quedarse en la institución y buscan tender puentes entre quienes encuentran el camino a Jesús en la Iglesia y quienes prefieren la disciplina *extra ecclesiam*.

Mientras que los líderes de las principales iglesias cristianas siguen argumentando sutilezas sobre la profundidad del humanismo secular y corrigiendo diagnósticos sobre las enfermedades del mundo, los nuevos movimientos religiosos continúan floreciendo a su alrededor. Conforme nos acercamos al año 2000, cada vez más de esos movimientos adquieren rasgos apocalípticos y alimentan supersticiones milenaristas, que sólo aumentan las aprensiones dentro del cristianismo establecido acerca de las consecuencias de su fracaso al hablar a la época. He sugerido una coincidencia –no una relación causa-efecto, sino sólo una sincronía– entre el clima apocalíptico y la disminución venidera del cristianismo eclesiástico.

Para concluir quisiera considerar brevemente qué puede significar esta coincidencia para aquellos de nosotros que hemos elegido vincular nuestra identidad religiosa a la tradición cristiana.

No cabe duda de que los movimientos religiosos identificados con el viraje al tercer milenio diferirán de los infames, si no sobrevalorados «terrores del año 1000». En primer lugar, obedientes a la época, esos movimientos serán secularizados, «feminizados», «ciencia-ficcionalizados» y tecnologizados y, al menos en los Estados Unidos, políticamente correctos. De acuerdo con esto, será la transición religiosa más controlada de la historia.[18] Aunque sus efectos probablemente tendrán al final menos impacto que hace diez siglos, muchos de los que

---

18. Véase la remarcable colección de ensayos editada por Thomas ROBBINS y Susan PALMER, *Millenium, Messiahs, and Mayhem: Contemporary Apocalyptic Movements*, Londres, Routledge, 1997.

vivan este período probablemente se enfrentarán a elecciones religiosas serias que de otro modo habrían evitado.

Pese a la continua difusión de la cultura científica y la sofisticación de los estudios religiosos, no hay nada que sugiera que el milenarismo del siglo XX será más racional en los próximos años que en el pasado. En los países cristianos de Europa y las Américas, las obras respetables sobre la religión y las investigaciones teológicas van desapareciendo de las estanterías de las librerías para dejar sitio a la explosión de material popular sobre esoterismo, profecías, cultos, magia y cosas por el estilo. Mientras tanto, los estudiosos compiten entre ellos para identificar al espíritu humano que esta industria se apresura a llenar: el yo fragmentado por demasiada movilidad y demasiados papeles que desempeñar, el anonimato impuesto por un orden social complejo, la frustración por haber confiado cada vez más aspectos de la vida a una casta sacerdotal de especialistas y, por supuesto, un cansancio general por la irrelevancia de la religión tradicional.

Cualquiera que sea la explicación más plausible (o explicaciones, puesto que es improbable que alguna teoría particular pueda administrar la diversidad), un ingrediente común, que coincide con la implosión de las instituciones eclesiásticas sobredesarrolladas, es un deseo de «conectarse» en términos más tangibles y comprensibles a una época de sobreconexión. Llevamos sellos en nuestros carnets de identidad que indican las partes de nuestro cuerpo que son ahora parte del «mercado abierto» para ser distribuidas después de nuestra muerte; en lugar de unificar ideas nos dejamos arrastrar por las «noticias» y pasamos de una noticia a otra antes de que logremos entender el conjunto; nuestro círculo de relaciones inmediato es barrido dentro del mismo internet de la transitoriedad y la descohesión. Hay una necesidad de volver a conectarse –de una *re-ligio.* Esa necesidad puede agudizarse tanto que sacrifique la razón crítica hasta suprimirla. Este es el punto en el cual la fe cristiana debe ganar terreno, es decir, el punto donde empieza lo que denominamos *fundamentalismo.*

El «fundamentalismo de cualquier tradición» escribe David Tracy, «y sea cual sea el criterio de verdad que emplee, me parece irremediablemente falso e ilusorio».[19] En cuestiones del espíritu, añadiría, es además patológico. El simple analfabetismo religioso es otra cosa, y sería de suma arrogancia, por no decir una ignorancia histórica, hacer un juicio arrebatador contra él. Pero la superposición de una descripción literal de realidades cósmicas sobre el simbolismo religioso, por cualquier motivo, es hostil a la fe. Cuando se adhiere a una base institucional y a una comunidad concreta de creyentes y, en particular, cuando el límite del analfabetismo religioso, ese literalismo saca sus fuerzas de las aspiraciones religiosas y morales más nobles, obstruyendo la cuestión básica que plantea a la conciencia religiosa. Uno debe siempre, por tanto, tener cuidado cuando critique al fundamentalismo de que su visión enfoque la enfermedad misma y no eche la culpa a todos los enfermos.

La batalla contra los movimientos milenaristas no necesita ocupar ninguna posición central en la misión de la Iglesia. En cualquier caso, como se ha dicho al principio, no será decisiva la respuesta de las religiones organi-

19. David Tracy, *Blessed Rage for Order: The New Pluralism in Theology*, Nueva York, Crossroad, 1975, p. 135.

zadas en su desaparición. Al mismo tiempo, la fe en los valores cristianos obliga al creyente –tome partido activamente o se mantenga al margen de la Iglesia– a un cierto compromiso con lo que es razonable y a lo que no puede renunciar por ningún compromiso con la objetividad erudita o con el destino de determinadas instituciones cristianas. El cristianismo no ganaría nada si, por motivos de tolerancia, abandonase su espíritu crítico para abrirse más a la espiritualidad secular y los movimientos religiosos. Admitida la necesidad de un cierto «principio de paridad» en los estudios religiosos,[20] eso no obliga a la tradición de fe a suavizar su declaración de verdad hasta que toda evidencia sea acumulada –y es obvio que nunca lo será. Una fe poco de-cisiva –una fe que no se permite ser escindida de lo que amenaza el pleno uso de la razón crítica– sería una fe indigna. La decisión de que la expresión religiosa de las verdades eternas es radicalmente plural, y de que los relatos religiosos de los hechos del cosmos serán siempre perfectibles, no tiene más opción que ver el fundamentalismo como una enfermedad mortal.

Nada del espíritu del diálogo interreligioso contradice esta posición. De nada ha servido nunca al realce de la tolerancia entre los grupos religiosos que viven juntos cerrar un ojo a los elementos de la intolerancia, por más centrales que le parezcan a una fe particular estos elementos. Lo que contradice el compromiso con la fe razonable es el resurgir de las tendencias fundamentalistas

---

20. Véase Jonathan Smith, *Drudgery Divine: On the Comparison of Early Christianities and the Religions of Late Antiquity*, Chicago, University of Chicago Press, 1996, p. 106.

dentro de las propias iglesias de las principales líneas cristianas. Las espiritualidades cristianas populares surcando la ola del renovado interés por la inmediatez de la experiencia religiosa, y reforzadas por los vestigios de los dogmáticos literalistas, se acercan peligrosamente a una negación de la búsqueda de la fe por el entendimiento crítico. Ninguna suma de experiencia espiritual puede ocupar el lugar que desempeña el estudio disciplinado y la reflexión en la transmisión de una visión de la vida humana comprehensiva de generación en generación, que es precisamente lo que la Iglesia tiene por propósito hacer y por lo que algunos de nosotros continuamos ejerciendo nuestro cristianismo dentro de la Iglesia. Pero mientras la Iglesia decrezca, de modo que los bandos opuestos se encuentren con más frecuencia acurrucados en la misma tienda, las confrontaciones sobre estas cuestiones posiblemente se incrementarán.

Como dije antes, esto puede no ser muy significativo para la sociedad en general, pero sí lo es para la Iglesia. Hoy, vemos símbolos centrales del cristianismo echando raíces en espiritualidades a través del mundo, tal vez, en formas más simples e ingenuas de lo que la teología pueda digerir, pero suficientes para las necesidades de esta época. Distanciarse del sistema eclesiástico, no sólo de la sede jerárquica sino de la Iglesia como tal, no obliga a distanciarse del cristianismo o de su misión universal. En tales circunstancias, el papel que representará la Iglesia en la manutención de la tradición sigue siendo tan importante como siempre. Sin un firme compromiso con un relato autocrítico de sus creencias y símbolos, no hay esperanza de que la Iglesia participe en su propia resurrección como un fermento de la cristianidad más amplia de las culturas. En ese sentido, la lucha contra el fundamentalismo en todas sus formas puede ser más importante para las iglesias que el rescate de aquellos arrastrados al lado oscuro de los nuevos movimientos religiosos.

La emergencia y la atracción de los nuevos movimientos religiosos plantean una última cuestión que permanece siempre en el trasfondo. «¿Cuántos siglos hace», preguntaba André Malraux, «desde que una gran religión conmovió al mundo? Esta es la primera civilización capaz de conquistar el planeta entero, pero no de inventar sus propios templos o sus propias tumbas».[21] Estando en los años finales del siglo XX y esforzándonos en mirar lúcidamente hacia delante, la posibilidad de que una nueva religión pueda en efecto surgir para conquistar el mundo, ofuscando a las religiones mundiales tal como las conocemos, no suena más retórico ahora que sonó una vez. Hace veinticinco años, John Dunne sugirió que «tal vez una religión esté creciendo ahora fuera del encuentro y la confluencia de las religiones mundiales del pasado».[22] Las bases para el optimismo de que una religión mundial surgirá de las disciplinas del estudio y el diálogo interreligioso se han erosionado desde entonces. El ímpetu ha dado un viraje claro en dirección al pluralismo religioso.[23]

No es casual que las iglesias cristianas tengan un mayor interés en estudiar los nuevos movimientos reli-

---

21. André MALRAUX, *Anti-Memoirs*, Hardmondsworth, Penguin, 1967, p. 11.

22. John DUNNE, *The Way of All the Earth*, Nueva York, Macmillan, 1972, p. 24.

23. Uno de los argumentos más convincentes que conozco puede ser encontrado en Joseph S. O'LEARY, *Religious Pluralism and Christian Truth*, Glasgow, Edinburgh University Press, 1996.

giosos que tales movimientos en estudiar el cristianismo institucional. Cuanto más civilizada se vuelve la Iglesia y más abierta al pluralismo de otros caminos religiosos, menos probable es que conmocione la historia mundial. Lo mismo puede decirse de los movimientos universalistas bondadosos que acogen libremente a otras religiones bajo su ancho techo de enseñanzas eclécticas. Pero son las religiones del mundo fundamentalistas, acríticas, incivilizadas y comercialmente emprendedoras que crecen más agresivas, mientras que el cristianismo y el budismo –y sí, incluso una gran parte del islam– se vuelven más dóciles. Tales movimientos ven el diálogo y la colaboración con otras organizaciones religiosas como poco menos que un medio para evitar la persecución. Y muchas de ellas albergan el sueño, a menudo explícito, de conmover la historia del mundo y provocar que se deshaga de sus apegos religiosos tradicionales.

¿En qué momento se encuentra el cristianismo? En el mismo momento que la historia: una época en que están naciendo nuevas religiones. Si una nueva religión tuviera que surgir en nuestros tiempos y plantar una semilla en el mundo con el potencial para inspirar la historia y la cultura de la manera que lo ha hecho el cristianismo, la Iglesia institucional ni siquiera lo reconocería, menos aún lo toleraría. Por principios, no puede.

¿Y los fieles? Muchos, por fidelidad a sus creencias, ¿no continuarán actuando como si el cristianismo nunca hubiera de ser superado y al mismo tiempo permanecerán abiertos a la posibilidad de que esto pueda suceder? El mismo espíritu crítico de una «fe en busca de comprensión» que el cristianismo necesitará para sobrevivir a la desestabilización de su forma eclesiástica actual, también debe dejar abierta la posibilidad de transformaciones aún más radicales en su fe. Al mismo tiempo, hay mucho por hacer y mucho que evitar hacer. Haber entendido las causas y los límites del fundamentalismo no implica simplemente tolerarlo; debe ser superado. Sólo porque hay mucho en la espiritualidad del milenio que no comprendemos, no por ello hemos de intentar cambiarlo por otra cosa; debe ser tolerada con la esperanza de que aún hay más que comprender. De la disposición y el ejercicio de esas tres virtudes –comprensión, tolerancia y voluntad de cambio– pende la relación de la fe cristiana con la Iglesia y con el *saeculum* a que pertenece.